[旅游产业创新与发展丛书]

旅游活动退出
/ 研究 /

王欣　陈微 ◎ 著

RESEARCH ON
THE EXITING OF
TOURISM
ACTIVITIES

经济管理出版社
ECONOMY & MANAGEMENT PUBLISHING HOUSE

图书在版编目（CIP）数据

旅游活动退出研究/王欣，陈微著. —北京：经济管理出版社，2019.7
ISBN 978-7-5096-6743-9

Ⅰ.①旅… Ⅱ.①王…②陈… Ⅲ.①旅游业发展—研究—中国 Ⅳ.①F592.3

中国版本图书馆 CIP 数据核字（2019）第 143316 号

组稿编辑：王光艳
责任编辑：李红贤
责任印制：梁植睿
责任校对：董杉珊

出版发行：经济管理出版社
（北京市海淀区北蜂窝 8 号中雅大厦 A 座 11 层 100038）
网　　址：www.E-mp.com.cn
电　　话：（010）51915602
印　　刷：三河市延风印装有限公司
经　　销：新华书店
开　　本：720mm×1000mm/16
印　　张：12
字　　数：167 千字
版　　次：2019 年 7 月第 1 版　2019 年 7 月第 1 次印刷
书　　号：ISBN 978-7-5096-6743-9
定　　价：58.00 元

·版权所有　翻印必究·

凡购本社图书，如有印装错误，由本社读者服务部负责调换。
联系地址：北京阜外月坛北小街 2 号
电话：（010）68022974　　邮编：100836

序　言
——本书的指导思想

2018年，最受"旅游界"关注的无疑是国家旅游局与文化部合并，新组建了文化和旅游部。"旅游局升部"显示了旅游地位的大上升，旅游的重要性得到了认可。改革开放40年来，我国旅游业经历了从无到有、从小到大、从旅游大国走向旅游强国的伟大转变。旅游业取得的巨大成就令我们欢欣鼓舞，但是我们也无法忽视旅游大发展伴生的许多负面问题。"过度旅游""景区超载""反游客运动""A级景区（被）摘牌""限客"等现象已经不止一次出现。2019年3月8日，文化和旅游部部长雒树刚在全国"两会""部长通道"中充分肯定了过去一年来文化和旅游融合的成果，但也指出文化和旅游市场乱象仍旧层出不穷，对A级景区和星级酒店进行动态管理，健全退出机制，是加强市场管理、提升旅游产品品质的未来方向。从旅游退出机制在某些领域的试行，到如今退出机制的正式提出与逐渐建立，文化和旅游行业将进入新的管理阶段。

在此背景下，我们提出了"旅游活动退出"一词，它是指开展旅游活动的地方完全或部分减少旅游活动的现象。我们并不是哗众取宠地与备受瞩目的旅游业"唱反调"，更不是否定旅游业在国家战略中的地位与作用；相反，我们希望通过关注旅游退出现象，了解旅游发展中的不足。我们秉承客观、积极的态度看待旅游退出现象。在研究过程中我们发现，旅游活动退出现象体现了以下思想：

第一，不破不立的哲学思想。就某些方面而言，旅游退出有利于旅游业的转型升级。典型的案例有：以传统农家乐为代表的低端乡村旅游产品市场需求的减少促进了乡村旅游向精品民宿的升级。其他类似的案例有:"八项规定"出台后,星级酒店的"降星弃星转型潮"等。

第二,可持续性发展理念。近年来,旅游是清洁、无污染产业受到质疑。过度开发旅游导致严重的生态环境破坏,包括水体污染、植被损害、文物损坏等,有些破坏一旦发生难以恢复,旅游可持续发展成为热潮。由此,产生了"限流限时""实名预约"等旅游活动退出方式。

第三,利益协调思想。自然保护区内禁止游览、部分企业工厂退出工业旅游、北京南锣鼓巷景区"拒客摘牌",这些旅游活动退出现象体现了相关主体处理旅游开发与保护的关系、资源经济价值与社会价值的关系、旅游利益主体间的矛盾关系的利益协调思想。

全书包含旅游活动退出的相关事实、理论基础、基本类型、模式、核心机制与必要性、应对六个章节。在第一章,我们定义了旅游活动退出的概念,介绍了旅游活动退出的现状,以及旅游活动退出的热点事件。第二章是旅游活动退出的理论基础。我们从理论内涵、理论与旅游活动退出的关系、理论背后的影响因素等方面介绍了包含旅游可持续发展理论、旅游地生命周期理论等在内的九大理论。第三章和第四章分别是旅游活动退出的基本类型和模式。我们总结了旅游活动退出现象的五大基本类型,选取了十一个具有代表性的不同类型的旅游活动退出事例,从旅游活动退出演变过程、旅游活动退出的原因以及经验借鉴等几方面展开分析。第五章和第六章是旅游活动退出的核心机制与应对。我们不仅提出了旅游活动退出的核心机制,分析了旅游活动退出机制的必要性,还就遗产地旅游业退出探索出一套补偿机制。

本书受到北京社会科学界联合会青年社科人才项目(2018QNRC03)、北京第二外国语学院中国文化和旅游产业研究院资助,由王欣总体策划,王欣和陈微共同设计全书框架并完成核心研究内容。彭诗茗、王国权、尤丽新、时姗姗参与了本书主体内容的研究和撰写。干泽平、史明月、王诗琪、吴同、郑思琪、许鹤琳、祝旭、呼效磊、蔡婧等参与了部分内容的研究和撰写。全书由王欣和陈微统稿。

旅游活动退出是一个新颖的研究领域,还未引起人们极大的关注,因而本书的研究并不十分成熟,恳请大家对该书内容给予宝贵的批评和建议,并期望该书能对我国文化和旅游发展的理论研究和实践工作起到一定的参考作用,为推动我国文化和旅游事业健康、优质发展助力。

目 录

第一章 旅游活动退出的相关事实

一、旅游活动退出的概念、现状与管理背景 / 003

    （一）旅游活动退出的概念 / 003

    （二）旅游活动退出总体现状 / 003

    （三）产业进入与退出的管理背景 / 003

二、旅游活动退出热点事件 / 005

    （一）旅游景区 / 005

    （二）酒店业 / 009

    （三）旅行社 / 011

    （四）旅游演艺行业 / 012

    （五）主题乐园 / 012

    （六）出境旅游 / 013

第二章 旅游活动退出的理论基础

一、基础理论 / 021

    （一）旅游可持续发展理论 / 021

    （二）旅游地生命周期理论 / 024

    （三）承载力理论 / 027

二、旅游地管理理论 / 031

  （一）目的地竞争力理论 / 031

  （二）旅游地功能分区管理理论 / 035

  （三）生态补偿理论 / 038

三、利益选择与协调理论 / 042

  （一）刘易斯拐点理论 / 042

  （二）公地悲剧理论 / 043

  （三）旅游主客关系——主客冲突 / 046

第三章 旅游活动退出的基本类型

一、基于退出的程度 / 051

二、基于退出的自愿性 / 051

三、基于不同诉求的退出 / 052

四、基于不同主体的退出 / 053

五、基于退出的基本形式 / 054

第四章 旅游活动退出的模式

一、旅游地衰落与旅游活动退出 / 059

  （一）基本概念 / 059

  （二）表现形式 / 059

  （三）案例说明——贵阳市镇山村旅游退出的机制与表现 / 059

二、管理效能的空间控制与布局导致旅游活动退出 / 065

  （一）基本概念 / 065

  （二）表现形式 / 066

  （三）案例说明——黄山风景区分区轮休制度 / 066

目录

三、经营条件变化导致旅游退出 / 071

    （一）基本概念 / 071

    （二）表现形式 / 072

    （三）案例说明——海口市部分旅游产业与功能的退出 / 072

四、经营失败导致旅游活动退出 / 080

    （一）基本概念 / 080

    （二）表现形式 / 080

    （三）案例说明——西游记宫主题公园旅游退出的机制与表现 / 080

五、旅游资源破坏导致旅游退出 / 086

    （一）基本概念 / 086

    （二）表现形式 / 086

    （三）案例说明——九寨沟旅游退出的机制与表现 / 087

六、资源保护与旅游活动退出 / 094

    （一）基本概念 / 094

    （二）表现形式 / 095

    （三）案例说明——布达拉宫旅游退出的机制与表现 / 095

七、承载力与容量控制导致旅游活动退出 / 102

    （一）基本概念 / 102

    （二）表现形式 / 102

    （三）案例说明——武陵源游客容量管理与承载力控制 / 103

八、经济利益取向与旅游活动退出 / 108

    （一）基本概念 / 108

    （二）表现形式 / 108

    （三）案例说明——吉利汽车退出工业旅游的机制与表现 / 109

九、非经济利益取向与旅游活动退出 / 113

    （一）基本概念 / 113

    （二）表现形式 / 113

    （三）案例说明——武汉大学 / 114

十、居民利益冲突及协调与旅游活动退出 / 120

　　（一）基本概念 / 120

　　（二）表现形式 / 121

　　（三）案例说明——南锣鼓巷旅游退出的机制与表现 / 121

十一、经营意愿变化导致旅游活动退出 / 124

　　（一）基本概念 / 124

　　（二）表现形式 / 125

　　（三）案例说明——麻峪房传统乡村旅游经营户退出旅游经营 / 125

第五章　旅游活动退出核心机制与必要性

一、旅游活动退出的核心机制 / 137

　　（一）发展因素变化导致发展路径改变 / 137

　　（二）相关主体对利益最大化的重新选择 / 139

二、建立旅游活动退出机制的必要性 / 139

　　（一）部分旅游活动退出有利于行业与市场治理 / 140

　　（二）特定旅游活动退出有利于相关资源保护 / 140

　　（三）旅游活动合理进退有利于行业良性发展 / 140

　　（四）旅游活动有序进退有利于社会资源合理配置 / 141

　　（五）特定形势下旅游活动的退出有利于维护目的地社会安定 / 141

第六章　旅游活动退出的应对
　　　　——遗产地旅游业退出的补偿机制框架探讨

一、遗产地旅游业退出问题的背景 / 145

二、遗产地旅游业退出的基本方式与损失 / 147

　　（一）旅游业退出的基本形式 / 147

　　（二）旅游业退出的损失 / 147

三、遗产地旅游业退出的补偿机制框架 / 149

　　（一）体验补偿 / 149

　　（二）利益补偿 / 151

　　（三）价值补偿 / 152

四、未来的方向 / 153

附录　相关政策法律法规公约文件汇编

附录一　中华人民共和国旅游法（2013）/ 157

附录二　中华人民共和国土地管理法（2004）/ 159

附录三　中华人民共和国自然保护区条例（2017年修订）/ 162

附录四　中华人民共和国风景名胜区条例 / 165

附录五　世界文化遗产保护管理办法（2006）/ 168

附录六　保护世界文化和自然遗产公约 / 169

附录七　北京市实施《中华人民共和国土地管理法》办法（1991）/ 171

附录八　黄山风景名胜区管理条例（2014）/ 173

附录九　景区最大承载量核定导则 / 177

第一章

旅游活动退出的相关事实

旅游活动退出的概念、现状与管理背景

(一) 旅游活动退出的概念

旅游活动退出,是指开展旅游活动的地方完全或部分减少旅游活动的现象,其在供需两方面表现为游客活动减少、经营主体退出或相关设施与景观减少等,是与旅游开发或发展相反的现象或趋势。

(二) 旅游活动退出总体现状

旅游活动退出对于具体地方或区域而言,是与旅游开发(发展)或旅游活动进入相反的进程。近些年,由于旅游开发发展带来的负面环境效应,如资源破坏、环境污染、主客冲突等,旅游活动退出机制逐渐被利用或提及,尤其是在发展旅游的自然保护区、文物保护单位。另外,由于旅游开发发展的失败,出于止损或转型的考虑,也有许多经营性单位退出旅游行业。

总体上,在全球范围尤其是我国国内,各地方旅游业处于快速发展的"增量"状态之中,旅游活动的退出仅居于局部或次要位置,但是旅游活动退出带来的相关影响和效应值得关注和思考。

(三) 产业进入与退出的管理背景

在1978年改革开放以前,严格来说我国并没有真正意义上的旅游业,旅游业只是国家处理外交关系的政治手段,处于国家行政管理的完全管控之中。20世纪80年代中期,邓小平"黄山讲话"和改革开放带来了我国旅游业的春天,我国旅游业开始进入现代化、市场化快速发展之路。40年来,我国旅游行业管理措施不断根据旅游市场发展状况调整,旅游活动退出也一直贯穿行业管理的整个过程。

1978~1987年,我国旅游进入初创期,发展旅游主要是为了获取外汇。由于我国1978年才将工作重心转移到经济建设上来,所以旅游接待设施供给短缺、交通设施不完善,也尚未形成大规模的旅游市场,旅游管理工作也处于基本没有开展的阶段,旅游市场总体上也属于自由发展,国家对国内旅游采取"不提倡、不宣传、不反对"的政策①,而入境旅游则处于严格的行政管控之中。

1987~2000年,我国市场经济体制化建设同步推进,政府管理部门感到有必要对旅游市场进行管理;同时,旅游市场乱象丛生(如导游诱导游客消费、旅游市场假货横行、旅行社违规经营现象)也迫使政府建立相应的管理措施。在借鉴日本旅游管理经验后,1987年原北京市旅游事业管理局(现北京市文化和旅游局)针对旅游市场整顿难度大、旅游行业有效行政管理手段严重缺乏的情况,选取旅游市场龙头——旅行社率先实行一系列定点管理措施,并在同年先后发布了《关于确定入境旅游团购物定点商店有关问题的通知》《关于确定接待入境旅游团定点饭店的通知》《关于确定接待入境旅游团定点餐馆的通知》等,规定旅行社带团只能到指定的定点商店购物、指定的定点饭店入住、指定的定点餐馆就餐。这一定点管理措施不仅先后被杭州、青岛、四川、厦门、云南、贵州等省市采纳推广,同时也逐渐延伸到旅游涉外摄像摄影、旅游涉外医疗保健、旅游演出等产业机构②。1999年3月30日,定点管理措施成为北京法定的旅游行政管理手段;2004年7月1日,此项管理办法正式废止。在实行期间,尤其在实行早期,定点管理制度大大地加强了旅游行政管理部门的有效管理,对于遏制旅游市场混乱、规范旅游市场行为发挥了巨大作用。

---

① 计金标.中国旅游研究回顾与展望[M].北京:旅游教育出版社,2011:36.
② 张广瑞,刘德谦.旅游绿皮书:2008年中国旅游发展分析与预测[M].北京:社会科学文献出版社,2008:108-109.

第一章 旅游活动退出的相关事实

2000年前后，随着国内经济发展、人民生活水平的提高，以及一些有利于国内旅游发展举措的推行，我国国内旅游市场蓬勃发展，旅游标准化建设之路也一直在如火如荼地进行，评比出一大批优秀的星级酒店和A级景区，但是相关问题也无法忽视。以景区为代表，许多景区在成功申请成为国家5A级景区和国家4A级景区等之后，以为获得高A级就可一劳永逸，不注重保持和提升旅游服务质量，屡被游客投诉。2012年对河南嵩山少林寺等5A级景区给予警告和限期整改等处理后情况并未好转。2015年10月9日，原国家旅游局对河北省秦皇岛市山海关景区做出取消5A级资质的处理（山海关景区已于2018年11月经整改审核恢复5A等级），该景区成为我国首个被摘牌的5A景区，这一举措标志着"有进有出"的动态管理机制的形成，并在景区行业引发了一场自检自查、挽救景区声誉、提高景区管理和服务水平的行动。继山海关景区被摘牌后，"摘牌风暴"一直进行，先后有湖南省长沙市橘子洲景区、重庆市南川区神龙峡景区等3家5A级景区、82家4A级景区被摘牌。以旅游活动退出为主要表现的动态管理机制已经成为广泛的行业实践。健全退出机制，对A级景区、星级酒店以及其他旅游相关产业进行动态管理，将和标准化管理一起成为未来旅游行业的管理措施。

旅游活动退出热点事件

（一）旅游景区

1. 晋城市丹朱岭旅游区等11家4A级旅游景区被摘牌

2018年10月29日，在文化和旅游部官网上公布了由全国旅游资源规划开发质量评定委员会决定摘牌的11家4A级旅游景区名单，这些景区被摘牌的原因主要有景观和服务质量退化、服务设施缺失、厕所革命滞后、游客体验度差、旅游功能弱化。11家4A级旅游景区分别为：山西省晋城市丹朱岭旅游区、内蒙古自治区呼伦贝尔市扎兰屯吊桥公园、吉林省四平市伊通牧情谷景区、江苏省苏州市西园寺景区、浙江省宁波市大桥生态农庄景区、江西省九江市瑞昌红木博览城、湖北省荆州市洪湖蓝田生态旅游风景区、广东省韶关市银山户外运动养生景区、广西壮族自治区柳州市贝江景区、贵州省贵安新区车田景区、青海省果洛州玛多黄河源旅游区①。

2. 山海关景区等被取消5A资质

2015年10月9日，原国家旅游局在北京召开新闻发布会，规划财务司司长彭德成通报了近期5A级景区核查情况。河北省秦皇岛市山海关景区被取消5A级资质，对云南省丽江市丽江古城景区、广东省佛山市西樵山景区、江苏省南通市濠河景区、浙江省杭州市西溪湿地旅游区、上海市东方明珠广播电视塔、北京市明十三陵景区等6家5A级景区给予严重警告，并公开通报，给予6个月时间整改②。

表1-1 近年来景区摘牌一览表

时间	具体情况
2019年5月6日	青海西宁乡趣农耕文化生态园景区（国家4A级旅游景区）、大通县汇丰景园农业旅游景区（国家3A级旅游景区）、大通国家森林公园察汗河景区（国家3A级旅游景区）被摘牌
2019年1月3日	北京3A级旅游景区采育葡萄大世界观光采摘园被摘牌
2018年11月	山西省晋城市丹朱岭旅游区等11家4A级旅游景区被摘牌
2017年5月	四川省对5家存在问题的4A级旅游景区做出处理
2016年底	全国367家4A级及以下景区受到查处，其中55家4A级景区被摘牌

---

① 全国旅游资源规划开发质量评定委员会公告［EB/OL］.中华人民共和国文化和旅游部，http://zwgk.mct.gov.cn/auto255/201811/t20181101_835723.html，2015-10-25.

② 徐万佳.5A级景区退出机制被"激活"，业界咋看？［N］.中国旅游报，2015-10-12（1）.

3. 珠峰景区禁止进入核心区旅游

据定日县珠峰管理局发布的公告：为落实2018年国家"绿盾"行动相关要求，切实保护好自然保护区生态环境，依据《中华人民共和国自然保护区条例》，从2018年12月5日起禁止任何单位和个人进入珠峰国家级自然保护区绒布寺以上核心区域旅游。这意味着，游客去珠峰参观需止步绒布寺，不能去往2千米之外的珠峰大本营[①]。攀登珠峰接待服务每年只限春季，登山人数控制在300人左右（包括登山队员、登山向导、登山协作、登山后勤等），尽量减少对珠峰生态环境的破坏。

4. 青海湖连发6个景区禁游令

2017年11月，中国面积最大的自然保护区青海可可西里、新疆阿尔金山和西藏羌塘国家级自然保护区发布公告，禁止一切非法穿越。2018年4月，在青海高原旅游旺季来临前，中国内陆最大咸水湖青海湖的鸟岛、沙岛景区永久关停，禁止旅游经营活动。同时，有着"天神的后花园"美誉的青海年保玉则景区也宣布暂时关闭。2018年5月底，三江源国家公园发布公告，禁止在其黄河源园区扎陵—鄂陵湖、星星海自然保护分区开展旅游活动，并公布监督举报电话。位于祁连山东段的"盛夏的滑雪登山乐园"青海岗什卡雪峰，在5月中旬刚举办完首届高海拔世界滑雪登山大师赛，28日当地官方发文称，因环境问题及雪崩等自然灾害，未经许可，严禁在此开展登山滑雪及户外探险[②]。2018年8月7日，《青海日报》称，青海湖景区保护利用管理局发出通告，叫停在青海湖国家级自然保护区范围内违法违规开展观光、游览和摄影等活动，旨在减少频繁人为活动对生态环境造成的不利影响[③]。

---

① 珠峰景区12月5日起禁止进入核心区［EB/OL］.旅游西藏自治区人民政府，http://www.xizang.gov.cn/xzly/lydt/201812/t20181219_173081.html，2018-12-19.

② 青海6个地方发布禁游令，看看都是哪？［N］.西宁晚报，http://wemedia.ifeng.com/63173739/wemedia.shtml，2018-06-01.

③ 青海湖叫停游客在自然保护区内违法违规开展观光游览及摄影等行为［N］.青海日报，2018-08-07（4）.

5.5A级景区龙潭大峡谷破产

2017年7月，洛阳龙潭大峡谷景区因不能偿还到期债务，景区所属的洛阳万山湖旅游有限公司被当地法院裁定受理进入破产程序；与洛阳万山湖公司关联的洛阳荆紫仙山旅游开发有限公司也于2017年11月宣告合并破产，进入破产程序，成为我国首个破产的5A级景区[①]。

6. 海坨山、河北小五台山等多地颁布"谢客令"

2018年5月29日，河北省大海陀国家级自然保护区管理处全年禁止任何组织和个人进入大海陀自然保护区核心区。2017年4月20日，河北小五台山国家级自然保护区管理局全部辖区实行全年封山，禁止一切单位或个人擅自进入保护区开展旅游、登山、捕猎、放牧、采摘等活动。2017年10月7日，特克斯乌孙古道北起特克斯县将对穿越乌孙古道活动实行禁止措施。2017年10月10日，太白县政府发布公告，禁止所有户外运动爱好者随意组织和发起鳌太穿越登山活动[②]。

7. 凤凰古城收费事件

2013年4月10日，湖南凤凰古城开始实施捆绑售票，游客需要购买148元门票才能进入古城。4月11日，凤凰古城实行"一票制"第二天，大批商户和当地居民因不满"一票制"政策关门歇业，同时聚集在古城北门码头附近。从4月10日起，每一位进入湖南凤凰古城风景名胜区的游客，不论是否参观古城内的景点，都将收取148元门票费，这一政策引起了当地居民和游客的普遍质疑。游客人数骤减，当地个体商户也受到很大冲击[③]。

8. 苏州平江路限制旅游业态

苏州平江路入选"中国历史文化名街"后，市场关注度逐渐提高。越

---

① 刘啸. 旅游大投资时代刚开始还是已结束？[N]. 中国旅游报，2018-07-24 (4).
② 海坨山已禁止攀登，全国多地颁布旅游"谢客令"驴友请回 [EB/OL]. 网易新闻，http: dy. 163. com/v2/article/detail/DJ59G69O05249OAP. html，2018-12-19.
③ 凤凰古城收费事件 [EB/OL]. 百度百科，https://baike.baidu.com/item/凤凰古城收费事件，2016-01-19.

第一章 旅游活动退出的相关事实

来越多的企业看中这块遗产丰富、具有浓郁文化气息的宝地，希望在这里投资、开发。然而，平江路始终坚持保护优先、文化为主的发展方向，曾婉拒了一家企业10多亿元的资金注入，原因就在于要原汁原味地保护老街，保护老百姓生活的家园。对于入驻街区的商品业态，要经过严格考核和筛选，包括店面的装修、室内的布置。业态既要包含苏州文化元素，还要符合平江路静、雅的特征，目的是更好地传承"吴文化"精髓①。

9. 南锣鼓巷拒客摘牌，减少商家数量

《北京青年报》2016年12月21日消息，12月20日，《北京青年报》记者从北京东城区第十六届人大一次会议上获悉，《南锣鼓巷历史文化街区风貌保护管控导则》正式发布并执行。年底前南锣商家将从年初的235家减少至154家。未来南锣将重点恢复居住功能。据悉，早在2016年4月，南锣鼓巷主动申请取消了3A级景区称号，暂停接待旅游团。

10. 故宫强制限流事件

2015年5月15日，故宫博物院院长单霁翔表示，将于6月中下旬，再次尝试强制限流措施，每日观众接待量限制在8万人次。至今此限流方案已经实行4年左右。

11. 武汉大学赏樱预约制

2013年1月25日，武汉大学公布樱花节期间严格限制参观人数：团体参观必须提前预约，参观车辆禁止入校，教学、科研、办公场所、学生宿舍、食堂将一律不对游人开放。65岁以上老人、军人、残疾人、武大校友仍可免费参观②。

（二）酒店业

1. 2018年7家酒店被取消五星级资格

2018年2月22日，全国旅游星级饭店评定委员会发布公告，对近

---

① 李月. 原汁原味保护，传承"吴文化"精髓［N］. 中国文化报，2013-12-19（7）.
② 武大樱花开放期间将"限流"［EB/OL］. 武汉大学新闻网，https：//news.whu.edu.cn/into/1003/20040.html，2013-01-26.

期暗访检查中发现卫生和消防安全问题严重、服务不规范问题突出的湛江恒逸国际酒店、东莞悦莱花园酒店、三水花园酒店、常熟虞山锦江饭店、昆山一醉皇冠酒店、无锡雷迪森广场酒店、宜兴花园豪生大酒店7家饭店予以取消五星级旅游饭店资格的处理，对中山市古镇国贸大酒店（中山国贸逸豪大酒店）、东莞市汇华饭店、珠海市昌安假日酒店、深圳求水山酒店、广州科尔海悦酒店、深圳市宝亨达国际大酒店、南通新有斐大酒店、太仓花园酒店、南京丁山花园酒店、南京明发珍珠泉大酒店10家饭店予以限期整改12个月的处理[1]。

2. 京都老牌酒店翠宫饭店"摘星改商"

翠宫饭店于1998年开业，曾经是集客房、餐饮、娱乐、购物、写字楼于一体的五星级商务酒店。2013年，翠宫饭店五星级资格被取消，由北京市海淀区国有资本经营管理中心持有其100%股权。知情人士透露称，翠宫饭店已经准备出售并全部改为写字楼[2]。目前，据天眼查网站显示，北京京东尚科信息技术有限公司（以下简称京东尚科）27亿元受让了北京翠宫饭店有限公司100%股权，京东尚科已成为北京翠宫饭店的唯一股东[3]。

3. "共享住宿第一股"住百家几近停摆

"共享住宿第一股"深圳市住百家发展股份有限公司（以下简称住百家）在新三板挂牌两年零三个月后终被摘牌。2018年7月9日，住百家正式终止股票在新三板挂牌，原因在于未能及时披露年报。同时，该公司已关停除海外住宿预订以外的所有业务，公司实控人也被纳入失信被执行人名单，住百家濒临停摆。业内人士分析指出，住百家一直以来未能按时发布年报，与此前业绩持续亏损有关[4]。

---

[1] 行业自律与行业监管并举，提升星级饭店服务质量[EB/OL]. 中华人民共和国文化和旅游部，http：//www.gov.cn/xinwen/2019-02/22/content_ 5367769.html，2019-02-23.

[2] 北京翠宫饭店亏损挂牌"改嫁"[EB/OL]. 北京商报网，http：//www.bbtnews.com.cn/2017/1024/215239.shtml，2017-10-25.

[3] 京东收购首创旗下北京翠宫饭店100%股权[J]. 中国会展（中国会议），2019（4）：22.

[4] 终止挂牌新三板 住百家几近停摆[EB/OL]. 北京商报网，http：//www.sohu.com/a/240196793_ 115865，2018-07-10.

4. 2014年高星级酒店大面积抛售

自2013年以来,高星级酒店进入寒冬。然而萧条并不仅仅停留在酒店经营本身,随着国家反腐政策和房产政策的不断升级,酒店业已受到了根本的影响。《北京商报》记者在酒店产权网观察到,全国范围内目前(截至2014年11月6日)共有190个酒店资产项目挂在该平台上处于出售状态,其中四星级、五星级饭店的数目为113个,占据总量的60%。一股高星级酒店资产抛售风正在酒店行业蔓延。根据酒店产权网的不完全统计,自上线以来,已经有超过600亿元的酒店资产在此网上出售,而国内四星级、五星级酒店意愿出售达到60%以上[①]。

(三) 旅行社

1. 爱嘉途旅游背后运营公司解散

2018年2月10日,爱嘉途旅游背后的实际运营方——北京永利国际旅行社有限公司宣布因经营不善,公司业务量逐年减少且无发展前景,股东会、管理层决定于2月10日解散公司,并对公司进行清算[②]。

2. 明星创业公司"淘在路上"关闭与OTA倒闭潮

2016年6月24日,曾经的明星创业公司"淘在路上"于近日向供应商发出公开信,信中表示,"淘在路上"因资本寒冬影响,经营陷入困境,将进行资产重组以谋求新的商业转型,而相关债务整理及清偿工作已经在进行。"淘在路上"曾是在线旅游创业行业的明星公司,其创始团队来自阿里、携程等大公司,同时也获得了阿里巴巴的投资,定位是"为旅游者服务的24小时便利店,适应各种旅行路上的移动应用场

---

① 高星级酒店大面积遭抛售 [EB/OL]. 北京商报网, http://fashion.ifeng.com/a/20141105/40055764_0.shtml, 2014-11-05.
② 旅行社大败局仍在继续:爱嘉途突然宣布破产,业者长叹"做旅游太苦"[EB/OL]. 搜狐新闻, 2018-02-11. https://www.sohu.com/a/222133009_130541.

景"①。目前,先后陷入经营困境倒闭的在线旅行社(Online Travel Agency,OTA)有:旅付通、拒宅网、脚丫旅游网、找好玩、周五旅游网、徒步狗旅行、哪旅游网、果冻旅行、中国好导游、旅途求助、壹游出境网、步旅网、麦兜旅行、周末去哪玩……②

(四) 旅游演艺行业

1. 万达《海棠秀》停演

由万达集团斥资 6000 万元打造的《海棠秀》,主创团队云集 7 名国际知名艺术家,自 2011 年开演之后,三年内产品前后升级改版四次、项目总经理更换了至少四任,但是在面对亚龙湾区域度假旅游发展不成熟、旅游交通不便利、游客流量不足等限制性旅游演艺发展环境因素时,只能连年巨额亏损,甚至最低折扣时以"酒店+秀特价 890 元"的方式拉拢酒店住客也无济于事,最终于 2014 年 7 月 31 日关停。

2. 《印象海南岛》停演

2009 年 4 月开演的《印象海南岛》演出效益一直不佳,1500 多个座位的剧场,上座率往往只有 30%,在淡季时每天仅有 100 多位观众。为了提高上座率,公司还将门票价格从 238 元下调到 168 元,但也于事无补,于 2014 年 7 月停止演出③。据数据显示,旅游演艺行业内仅 9% 左右的项目处于盈利状态,11%处于收支平衡,大部分项目亏损严重。

(五) 主题乐园

1995 年 10 月 18 日,号称投资 6 亿元、占地 48 万平方米的世界大

---

① 淘在路上确认破产清算 明星创业公司为何走向败局 [EB/OL]. 腾讯科技, https://tech.qq.com/a/20160624/012251.htm, 2016-06-24.
② 又一家OTA倒下了,旅游业如何度过寒冬? [EB/OL]. 迈点, http://mini.eastday.com/mobile/160713065439979.html, 2016-07-13.
③ 张艺谋执导《印象·海南岛》停演 投资 1.8 亿昙花一现 [EB/OL]. 新浪网, http://hainan.sina.com.cn/news/hnyw/2015-04-23/detail-iccmvup0161487.shtml, 2015-04-23.

观在天河东圃开园。当时，该园内设时代广场、巴黎歌剧院、古希腊剧场、阿拉伯剧场、英国剧场、日本剧场六大剧场和飞机舰船表演、综合游乐场、水上运动场、美国娱乐四大游乐区，规模气势在广州几乎无园可与之匹敌。1996年间，世界大观的门票收入月进两三千万元，每月平均客流量超过10万人。然而，由于未能及时更新游乐设施难以吸引游客，加之公园经营陷入债务泥潭，随后一蹶不振。自2005年3月以来，世界大观曾两度试图拍卖股权，但最终都以流拍告终①。据零点调查统计，目前我国3000家主题公园70%处于亏损状态，20%持平，仅有10%左右盈利。

表1-2 我国已倒闭主题乐园名单（部分）

时间	主题乐园名称
1997年左右	无锡市特技娱乐枪战城闭园
1999年	广州番禺飞龙世界关门
1998年	上海福禄贝尔科幻乐园闭园
2000年	上海环球乐园闭园
2001年	美国梦幻乐园闭园
2000年	上海环球乐园关门
2004年	广州东方乐园关门
2005年	无锡统一嘉园主题公园宣告破产
2005年	广东世界大观
2007年	杭州未来世界关门
2017年	苏州乐园正式闭园

（六）出境旅游

1. 外交部安全提醒

由于国际矛盾、战争、动乱、境外自然环境恶劣等问题，我国外交部出于保护我国公民的人身安全的考虑，会以官方名义在中国领事服务网显

---

① 那些年倒闭了的主题公园［EB/OL］. 中国风景园林网, http://www.chla.com.cn/htm/2013/0328/163056.html, 2013-03-28.

要位置提醒国内游客在一段时间内尽量不前往发生上述问题的国家或地区旅游，或者在上述国家或地区旅游时需要更加注意个人安全（见表1-3）。2017年12月19日至2019年3月13日，该网站上已有39条相关安全提醒。

表1-3 我国外交部安全提醒（部分）①

时间	地区	原因	提醒类型
2018年6月19日	菲律宾马荣火山	菲律宾马荣火山安全警戒仍维持在二级，菲官方建议民众不得进入火山景区6千米内	暂勿前往
2018年6月15日	马里北部和中部地区	近期，马里安全形势依旧严峻，针对马平民及军队的恐袭事件频发	暂勿前往
2018年6月4日	以色列与加沙边境及附近地区	近期，以色列与加沙边境地区局势紧张	暂勿前往
2018年5月31日	黎巴嫩边境地区	近期，中东局势复杂敏感	暂勿前往
2018年5月22日	马达加斯加	马达加斯加2018年大选临近，社会治安不确定因素增多	暂勿前往
2018年5月13日	印度尼西亚泗水	5月13日，印度尼西亚东爪哇省省会泗水市3所教堂遭到自杀性炸弹袭击，造成多人死伤	注意安全
2018年3月1日	土耳其东南部	土耳其东南部安全形势严峻	暂勿前往
2018年2月14日	澳大利亚	一段时间以来，澳大利亚不同地方发生多起侵犯中国公民人身和财产安全的案件	注意安全
2018年2月5日	马尔代夫	马尔代夫大选期间，该国法律事务部长沙库尔通过国家电视台宣布，马尔代夫总统亚明已正式发布命令，从当天开始全国实行紧急状态，为期15天	暂勿前往
2017年9月15日	英国	9月15日，伦敦西南Parsons Green地铁站发生爆炸，警方定性为恐怖事件，已有人员受伤	注意安全
2017年9月9日	墨西哥	当地时间9月7日23：49，墨西哥恰帕斯州托纳拉市西南137千米处海上发生里氏8.4级强烈地震，墨西南沿海多州受灾，首都墨西哥城震感明显	注意安全

① 资料来源：中国领事服务网，http://cs.mfa.gov.cn。

2. 朝鲜将对外限流

2019年3月13日,《环球时报》报道称,朝鲜国家观光总局日前发布规定称,将从3月18日起正式开始实行限流措施,每天最多允许1000名外国游客入境。因为逐渐开放的朝鲜吸引了越来越多的中国人前往,所以为避免游客太多带来压力,朝鲜将对外限流①。

3. "旅游税"成国际新趋势

2017年8月9日,新华社报道,马来西亚旅游和文化部长纳兹里8日宣布,马来西亚将从9月1日起向外国游客征收旅游税②。据悉,新西兰、立陶宛、法国巴黎、荷兰阿姆斯特丹、西班牙巴塞罗那、德国柏林、意大利罗马、马来西亚、阿联酋迪拜、马尔代夫、土库曼斯坦、博茨瓦纳、马耳他、缅甸等国家和地区都已陆续加入向境外游客征收"旅游税"的行列中③。部分欧洲国家征收旅游税相关政策如表1-4所示。

表1-4 欧洲国家征收旅游税相关政策(部分)④

国家	旅游税名称	实施方案
法国	Taxe de Sejour	根据住宿类型的不同,每人每晚最多可收取4欧元的费用。除此之外,巴黎还征收10%的额外法定税
德国	Kulturförderabgabe Or Bettensteuer	根据住宿类型、房价和地点,税收最高可达每人每晚5欧元或房费的5%。在德国,许多情况下,此税是在增值税之上增加的,但是不会向学校收取这笔税
意大利	Tassa di soggiorno	根据所居住的城市和住宿质量而有所不同。根据罗马的法律,可以收取高达10欧元的费用,目前收取最多的是7欧元,其他地方的最高收费为5欧元

---

① 朝鲜将对外国游客"限流"每天让1000名游客入境[EB/OL]. 环球时报,http://news.cncn.net/c_811132,2019-03-13.

② 马来西亚将向外国游客征收旅游税[EB/OL]. 新华社,http://www.xinhuanet.com//world/2017-08/08/c_1121452232.htm,2017-08-09.

③ "旅游税"将成国际新趋势?征收旅游税合理吗[EB/OL]. 新京报,https://js.qq.com/a/20180704/013617.htm,2018-07-04.

④ Your Guide to Tourism Tax in European Destinations[EB/OL]. Hostelworld,https://www.hostelworld.com/blog/tourist-tax/,2018-09-07.

续表

国家	旅游税名称	实施方案
葡萄牙		13 岁及以上的客人需要每晚交纳 2 欧元的旅游税,最多 7 晚
西班牙		在加泰罗尼亚,将收取高达 2.25 欧元的小额费用 根据住宿类型以及是否住在巴塞罗那,前 7 晚每人每晚收费 在巴利阿里群岛,入住酒店需要每晚收取 4 欧元的旅游税,入住酒店需收取 1 欧元
瑞士		每人每晚收取约 2.50 瑞士法郎的旅游税
希腊		根据预订住宿设施的官方评定等级每晚最高收取 4 欧元的旅游税
比利时		每间客房每晚收取高达 7.50 欧元的旅游税,度假屋不包括在内
罗马尼亚		征收旅游税标准化为每晚住宿总价值的 1%。如果住宿在旅游胜地,那么旅游税为一晚的住宿费用。18 岁以下的儿童免税
斯洛文尼亚		征收 2.50 欧元的旅游税。从 2019 年 1 月起,征收 3.12 欧元的旅游税,7 岁以下的儿童可以免税,7 岁至 18 岁的儿童只需缴纳成人的一半
奥地利		旅游税费用因地区而异,其中萨尔茨堡和维也纳的旅游税为住宿费用的 3.02%,且 15 岁以下的儿童免税
荷兰	Toeristenbelasting	荷兰内的大部分地区都需要征收,并且根据住宿等级征收,在阿姆斯特丹,每人每晚需支付 6% 的城市税
保加利亚		保加利亚的旅游税或度假税根据目的地和等级而定。该税是按每人每晚收取的。这个范围从平均 0.48 美分到 1.48 欧元,有些地区强制征收度假税,并且是按照每人入住而非每人每晚收费。例如,入住 4 晚的人将被收取与入住 10 晚的人相同的费用
美国		美国收取的通常是旅游税和酒店税的组合。酒店税根据各州的指导方针而有所不同。在旧金山酒店每日床位费用为 40 美元或以上,需缴纳 16.25% 的旅游、城市和酒店税。在纽约市酒店,您将收取旅游、州和入住税,总计需额外收取 14.75%

4. 阿姆斯特丹"红灯区"对旅游团说"不"

中国民航网 2019 年 3 月称,从明年 1 月 1 日开始,到访荷兰阿姆斯特丹的游客就不能再参加旅行团游览当地著名的"红灯区"了。一项调查显示,八成性工作者认为,这些直愣愣盯着看的游客会给生意带来负面影响。阿姆斯特丹市议员去年就建议把"红灯区"搬到另一个地方。议员考克(Udo Kock)表示:"在这个时代,将性工作者视为旅游景点是不可接受的。"

第二章

旅游活动退出的理论基础

基础理论

（一）旅游可持续发展理论

1. 理论内涵

（1）可持续发展。可持续的意思是可以长久维持某种过程或者状态，它最初来源于生态学，意在说明自然资源及其开发利用程度间的平衡。1987年以布伦特兰夫人为首的世界环境与发展委员会（WCED）发表了报告——《我们共同的未来》。这份报告正式使用了可持续发展概念，并将可持续发展定义为：能满足当代人的需要，又不对后代人满足其需要的能力构成危害的发展[①]。

可持续发展理论具有三大主要原则：一是公平性原则，即本代人之间的公平、代际之间的公平和资源利用的公平。它既包括同代之间的均衡发展，即一个地区的发展不损害其他地区的发展利益，也包括代际之间的均衡，既满足当地人发展，又不会损害后代人发展的能力。二是持续性原则，即资源环境等有一定的承载能力，一旦达到极限就难以恢复，人类经济和社会的发展不超过资源和环境的承载能力，才能维持人类长久的发展。三是共同性原则，指的是公平性和持续性是全球共有的发展原则。不管各个国家和地区国情如何、发展模式如何，都应该在坚持前两个原则的基础上去实现全人类可持续发展的共同目标。

---

① 可持续性发展［EB/OL］.百度百科. https://baike.baidu.com/item/可持续性发展/7848789? fr=aladdin.

（2）旅游可持续发展。随着可持续发展概念在全世界范围内的兴起，旅游可持续发展的概念也被提前。旅游可持续发展是指不破坏当地自然环境，不损坏现有和潜在的旅游资源，合理利用旅游资源，保护已开发的现有资源的情况下，在环境、社会、经济三效合一的基础上持续发展的旅游经济开发行为。旅游可持续发展至少包括三个方面：一是经济发展方面，旅游开发应获得持久收益，能够实现可持续增长，不断为地方经济注入新的发展资金；二是社会文化方面，旅游发展的利益分配公平合理，当地居民能从中获得经济利益和就业机会并参与决策，开发中实现对文化传统的保护并有效避免社会文化冲突；三是环境方面，旅游发展对环境保护和管理给予资金支持，促进对自然和文化资源的保护[1]。

2. 与旅游活动退出现象的关系

旅游业是全球范围内的最大产业之一，长期以来被认为是"无烟工业""无污染产业"。但是，旅游业在快速、持续增长的同时，也带来了一系列生态自然环境和人文环境破坏问题，主要包括过度旅游开发导致的生态环境破坏、文化遗产破坏、旅游目的地文化和社会方面的冲突，以及经济发展不平衡、不协调等。在中国，近年来出现了游客破坏七彩丹霞地貌、"12·31"上海外滩踩踏事件、"11·11"丽江游客被打案等重大负面事件，以"杭州岳王庙刻字"为代表的多起文物破坏事件，以及黄金周期间故宫、长城等景区人满为患对文物和游客安全均造成严峻挑战。一旦陷入旅游过度开发和盲目开发，失去发展和环境之间的平衡，旅游业必然也会自食恶果，陷入永久停滞甚至倒退状态，旅游可持续发展理念应运而生。[2]

旅游可持续发展的理念要求旅游发展要兼顾自然、文化、人类（旅游地居民）生存环境的平衡：在满足当地旅游发展、游客需求的同时，需要考虑到保护自然环境、文化文物、旅游地居民生存利益。当旅游发

---

[1] 韩鲁安. 旅游地可持续发展理论与实践的探索[M]. 北京：旅游教育出版社，2011.
[2] 王欣，吴殿廷，张祖群. 旅游地理学概论[M]. 北京：旅游教育出版社，2015.

展的需要与自然、文化、居民的利益严重相违背时，需要放弃部分旅游发展利益，维护其他发展机会，以使旅游可持续，于是产生了旅游活动的退出。典型的退出方式就是为保护资源，在自然保护区的核心区和缓冲区禁止发展各种旅游活动，以及考虑旅游景区的承载力制定的限流措施等。

3. 影响旅游可持续发展的因素

（1）发展观念不成熟。传统观念里，发展旅游主要是为了提高旅游地的经济收入，因而会侧重于追求当地旅游产业发展的速度。为了吸引旅游者、满足旅游者的需求偏好，不惜以牺牲环境和资源为代价，过度开发旅游资源，大肆兴建旅游设施，接待超负荷旅游者，对旅游地的生态环境造成严重的损害，甚至超过自然环境的自我修复能力。

（2）旅游规划缺陷。首先，在规划过程中没有深入考察当地的资源环境情况、旅游市场需求情况，导致制定的规划与目的地不相匹配，也不能吸引旅游者，影响旅游地的可持续发展。其次，规划文本中缺乏关于基础环保设施、旅游资源保护的规划，对旅游资源的开发缺乏完善、合理、可行的进度、强度安排，造成旅游资源的过度开发以及环境的恶化。最后，只是进行表面的规划，并不实际执行，或者在执行过程中参照另一套模式，也会使旅游地的开发建设盲目无序，极容易成为不科学的建设。

（3）旅游管理体制机制不健全。旅游景区多头管理长期存在，极容易导致不管不问的现象。在缺乏统一的行政管理部门的情况下，开发商、投资商会无所顾忌，对旅游资源造成破坏性开发，以快速获得经济利益，不利于旅游资源的保护，影响旅游业的可持续发展。

（4）旅游业相关法律法规的欠缺。旅游业中的法律法规能够对旅游开发商、旅游经营者和旅游者形成约束力，是保护旅游资源和环境的重要手段。自《旅游法》制定颁布以来，我国旅游立法取得了巨大的进步，但是相关的法律制度仍旧不完善，尤其缺乏对相关主体破坏资源环境的惩罚措施。近两年，文物破坏事件的层出不穷，对旅游资源造成了不可修复性的损害，推动了相关法律法规的完善。

(二) 旅游地生命周期理论

1. 理论内涵

旅游地生命周期理论最初来源于产品生命周期理论。1980年，巴特勒Bulter对此理论进行了系统的阐述，他认为旅游地如同产品一般经历"从生到死"的过程，并将旅游地生命周期分成六个阶段：探索阶段、参与阶段、发展阶段、稳固阶段、停滞阶段、衰落或复兴阶段（见图2-1）。在每个阶段中，旅游地的游客数量、旅游设施情况、居民对旅游者的态度等均具有不同的表现特征[①]。

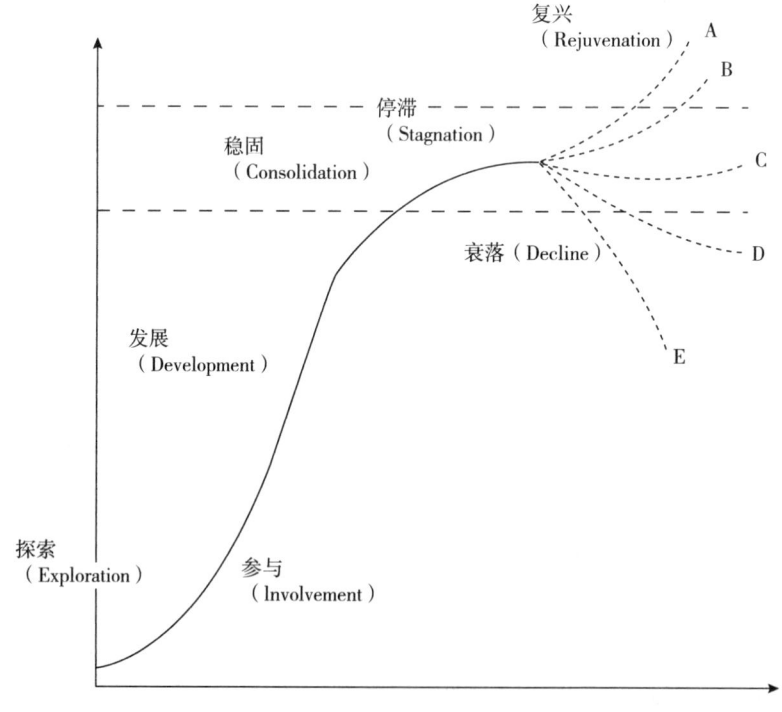

图2-1 旅游地生命周期曲线[②]

---

① 王欣，吴殿廷，张祖群. 旅游地理学概论 [M]. 北京：旅游教育出版社，2015.
② R. W. Butler, The concept of a tourist area cycle of evolution: Implications for management of resources [J]. Canadian Geographer, 1980 (24): 5-12.

第二章 旅游活动退出的理论基础

探索阶段：旅游地的游客以探险型游客为主，数量较少且偶尔光顾。旅游地没有专门为旅游者和发展旅游建设的公共设施。旅游者来访的原因主要是被旅游地的自然特色吸引，他们与当地的居民沟通频繁且深入。

参与阶段：旅游者的数量逐渐增多。旅游地居民开始为旅游者提供一些简单的旅游设施。旅游者与当地居民的沟通依旧频繁。旅游地出现相对确定的客源市场，旅游季节以及为吸引旅游者的广告宣传也开始出现。

发展阶段：旅游地的发展吸引了大量的外来投资者，并且他们参与旅游经营的强度扩大，逐渐成为当地的主导力量，旅游地的发展需要依赖外来劳动的输入。随着大规模旅游设施的投入、交通设施的完善、旅游广告促销力度的加大，旅游地形象发生改变。旅游者数量快速增长，旅游旺季的旅游人数甚至会远远地超过当地居民数量，严重影响旅游地居民的正常生活，当地居民会对旅游者产生敌对情绪。

稳固阶段：旅游业已经成为当地经济的重要支撑力量。成熟的客源市场已经形成，旅游者的增长速度下降，但是数量仍旧超过常住居民的数量。当地居民对旅游者反感。为了吸引更多的旅游者，延长旅游季节，广告促销的范围进一步扩大。旅游地的部分旅游设施已经老旧，对旅游者失去吸引力。

停滞阶段：旅游环境容量已达到或超过最大限度，导致许多经济、社会和环境问题产生。具有完善的旅游地形象，但是已经不流行。游客数量达到最大，旅游市场在很大程度上依赖于重游游客、会议游客等。自然或文化吸引物被人造景观所取代，接待设施出现过剩，旅游地形象与地理环境脱离。

衰落或复兴阶段：在衰落阶段，旅游地的吸引力基本消失，旅游者被新的旅游目的地吸引。大量的旅游设施逐渐被非旅游设施所取代，房地产的转卖率很高。本地居民参与旅游业的程度又恢复增长，他们以相对低的价格去购买旅游设施。旅游地变成了旅游贫民区或者完全没有了旅游活动。另外，旅游地也可能在停滞期通过增加新的人造景观吸引旅游者进入复苏阶段，或者开发新的未开发的旅游资源进行转型发展，通过吸引新的旅游市场类型和维持原有游客进入复苏阶段，但是前一种方式在周边有更强劲的竞争目的地时成效不大。

2. 与旅游活动退出现象的关系

旅游地生命周期理论是目前为数不多的直接正面呼应旅游活动退出的理论，旅游活动退出更是衰退阶段的一种表现。在发展阶段开始出现的旅游地居民敌对旅游者、反感旅游者，是从居民角度出现的旅游退出。此阶段若没有协调好旅游者和居民的关系，没有考虑旅游地居民的需求，在严重牺牲本地居民利益的基础上一味盲目满足旅游者的需求与偏好，就很可能引发大规模的居民抵制旅游活动现象，如欧洲国家的"反旅游运动"。停滞阶段和衰落阶段则是属于游客角度的旅游退出。由于旅游目的地的吸引力下降（产品和设施老旧、旅游活动单一重复），或者有更具吸引力的新旅游目的地出现，旅游者会选择去新的目的地，造成原旅游地旅游者数量的减少、旅游设施的荒废、旅游活动的退出。

3. 造成旅游地衰落的原因

（1）产品和设施老化。随着时间的推移，一些开发较早的传统旅游地如我国的北戴河、桂林、泰山等景区的部分旅游产品和设施会出现老化现象，如住宿设施早先的建设标准较低，客房设计按照现代的标准来说不尽合理，地毯比较陈旧且有污渍，电视机等设备样式较老，没有无线网络甚至有线宽带，灯光昏暗；一些旅游项目（如游乐场项目）建设时间较长，没有新意，游客早已失去兴趣；一些道路、建筑、设施等出现污损破败的景象，一些景观建筑、雕塑和景观小品的颜色变得不鲜艳或者被破坏；一些建筑设计时没有预料到现在停车需求的激增。这些产品和设施老化现象具有很大的惯性，由于更新改造需要很大的成本，并且不容易协调一致进行统一的建设，因而很难进行翻新改造，游客对它们的好感也会下降。

（2）市场需求发生变化。游客的需求偏好和行为方式会随着时代变化而改变，一些曾经热门的旅游地不再受到市场的青睐。例如，现代游客对服务的要求大为提升，对卫生间、网络、停车、便捷支付的要求较高，更加习惯于自助旅行和通过网络平台进行产品选择和预定，一些早期开发的旅游地如不能及时顺应这种变化就有可能被市场淘汰。市场结构和产品供给结构也会随时代发展而发生变化。例如，中国近年来迅速发展起来的大众国内旅游市场、出境旅游市场、高端商务旅游市场、自驾车旅游市场等很大程度上改变了市场的格局。一些政策的变化如2013年中国对于公务支出和政府消费行为的管理政策很大程度上影响了一些依赖公务会议消费的度假产品的经营。

（3）新目的地的竞争。不断出现的新的旅游景区、度假地和旅游体验项目，使老旧旅游地面临着更加严峻的竞争形势。中国东部很多传统旅游地在经历了多年的游客增长后出现停滞，20世纪80年代风光无限的庐山、黄山、北戴河等旅游地被90年代的九寨沟、张家界等取代，进入21世纪后，丽江、香格里拉以及西藏旅游成为中国旅游市场新的目标。最近几年，中国居民又将旅游目标投向境外，迅速从一个目的地大国转变为旅游"逆差"大国，在很多欧美国家均是增长最快的客源市场。

（4）资源过度开发和破坏。一些旅游地由于过度开发，生态或文化资源基础遭到破坏，影响了其可持续发展。例如，中国一些古村古镇和历史文化街区过度的商业化导致传统文化的丢失或变异。

（5）重大负面事件或因素。战争、地震、海啸、疾病、政治关系等事件的发生会导致游客量急剧下降，有时很难恢复到原有水平，造成旅游地的衰落①。

（三）承载力理论

1. 理论内涵

（1）承载力。承载力是从工程地质领域转借过来的概念，其本意是

---

① 王欣，吴殿廷，张祖群. 旅游地理学概论 [M]. 北京：旅游教育出版社，2015.

指地基的强度对建筑物的负重能力，现已演变为对发展的限制程度进行描述的最常用的概念之一。生态学最早将此概念转引到本学科领域，用以表达某个环境在保持一定品质和特性的情况下，可以容纳某种生物族群数量的一个概念。后来，承载力的概念借用在了环境科学的相关研究中，并将环境承载力定义为：自然环境在不受危害的前提下，某一地区的环境所能容纳的某种污染物总量。随着社会的发展，环境承载力的概念应用在很多相关领域中，如环境保护研究、人口问题研究、土地问题研究等[①]。

（2）旅游承载力。旅游承载力也称景区旅游容量，它是在一定时间条件下、一定旅游资源的空间范围内的旅游活动能力，即满足游人最低游览要求，包括心理感应气氛以及达到保护资源的环境标准时旅游资源的物质和空间规模所能容纳的旅游活动量[②]。旅游承载力构成体系如表2-1所示。

表 2-1　旅游承载力构成体系

分类标准	分类
按照旅游承载力的内容划分	旅游生态承载力、旅游心理承载力、旅游社会承载力、旅游经济承载力
按照旅游承载力的规范性划分	旅游期望承载力和旅游极限承载力
按照旅游承载力空间尺度划分	旅游景点容量、旅游景区容量、旅游地容量、旅游区域容量
按照旅游承载力的时间尺度划分	日旅游容量、季节旅游容量、年旅游容量

2. 与旅游活动退出的关系

每个旅游空间地域都有各自的承载力极限，当旅游地域和场所承受的旅游流量或活动量达到其极限容量时为旅游饱和状态，一旦超出这个

---

① 唐龙. 基于旅游目的地居民感知视角的旅游社会心理承载力研究［D］. 广西大学硕士学位论文，2018.

② 谢彦君. 基础旅游学［M］. 北京：中国旅游出版社，2011：414-419.

极限容量值即为旅游超载。旅游超载所引发的后果是毁灭性的，如生态环境恶化、生态系统失衡、文物古迹的破损、影响当地居民正常生活、景区吸引力骤减从而导致旅游收益萎缩等。因此，为了预防与改善这种局面就必须对旅游活动进行调整，做出不同程度的旅游活动退出。

当旅游超载对旅游地造成的破坏达到无法通过限流、分流等措施恢复时，必须以生态利益优先为原则，关停景区，停止旅游活动，依次修复被破坏的生态系统、古迹文物等。例如，青海省的年宝叶什则景区因过度超载导致生境破坏而被关停，泰国的皮皮岛和Tachai岛、菲律宾的长滩岛、尼贝尔的珠穆朗玛峰、厄瓜多尔的加拉帕戈斯群岛等都因旅游超载造成生态系统难以短期恢复而实行关停策略。

在旅游超载对旅游目的地破坏性比较小，还在可控范围内时，可以通过限制旅游活动的方法来对旅游资源进行保护。①旅游人数上的限制：国内的稻城亚丁每天只接待1.6万人；故宫通过只售网络票来限流；颐和园国庆期间预约购票并限流；香山自2018年10月1日起全面实施游客预约游览制度。国外的泰姬陵、波涛谷、迪纳利国家公园、马丘比丘等也通过不同规则进行限流。②旅游活动地域的限制：国家公园的核心区、缓冲区禁止任何旅游活动。③旅游形式的限制：对于一些文物、雕像、壁刻等只能看不能触摸等。

当景区中某些景点旅游压力过大时，可以在其附近开发功能类似的景点或其他比较有吸引力的项目来缓解景区局部超载问题。例如，德国的天鹅堡景区在面临景区超载时，做出了围绕天鹅堡核心资源进行周边休闲配套旅游设施的开发：大湖度假区、博物馆群、特色厅、马车游览线、雷登民宿带，而且坚持仅天鹅堡收取门票，其余景点均免票的制度，因此在解决核心景区旅游超载的同时也带来了更大的旅游收益。

旅游活动的开展一定要以旅游地域的承载力为前提，只有在旅游承载力允许的限度内，旅游产业才能实现生态效益和经济效益双赢的目标，才能实现可持续发展。

3. 影响旅游承载力的因素

（1）景区的旅游承载力。任何一个景区都有自身的承载力极限，超过这个极限景区生态系统就会功能紊乱，无法自我调节恢复，所以开展旅游活动一定要遵循景区的旅游承载力，在不超过其最大旅游容量值的前提下规划旅游活动。

（2）旅游参与者生态意识淡薄。旅游参与者包括旅游工作者、旅游者和旅游资源地的人员。他们在旅游活动中的行为与旅游承载力是密切相关的。旅游工作者和旅游资源地的人员盲目地追求经济利益，对景区不合理地开发建设，不注重对景区的维护，必然会使景区承载力失衡。旅游者的不良旅游行为，如乱刻乱画、乱扔垃圾、攀折花草、损坏旅游设施等，都会造成景区损伤，降低其旅游承载力。

（3）旅游季节性、周期性特征。不同类型景区因其旅游资源差异有不同的旅游淡旺季，如庐山、北戴河、莫干山等著名避暑胜地每至夏日就人满为患，而冬日几乎无人问津，景区旅游旺季时旅游超载问题严重，旅游淡季时客流量严重不足。此外，旅游黄金周也会对旅游承载力产生重要影响，导致景区周期性旅游饱和超载。

（4）基础设施和旅游服务设施规模。基础设施和旅游服务设施是开展旅游活动的重要保障，如果两者不完善，就会影响景区的可进入性、游客的体验度、社区居民的旅游心理承载力。所以，便捷的交通条件、畅达的通信设施、生活所需能源等在保证不影响社区居民的需求时也要满足旅游者的需求。旅游项目所需的设施设备、服务体系都应以市场为导向进行合理的规划和布局。

（5）旅游专业人才短缺，景区规划不合理。旅游景区旅游专业人才短缺，在进行景区开发建设时缺乏专业性建议，未根据旅游市场实际需求和景区自身特点就加已开发，致使运行过程中问题突出，因缺乏专业人才而错失了解决的最佳时机和有效法案，降低了景区的旅游承载力，加速了景区的衰败。

旅游地管理理论

（一）目的地竞争力理论

1. 理论内涵

（1）竞争力理论。竞争力是参与者双方或多方的一种角逐或比较而体现出来的综合能力①。其常见类型根据不同地域、行业、内容，可分别划分为国际竞争力、区域竞争力、城市竞争力、工业竞争力、服务业竞争力、企业竞争力，核心竞争力、品牌竞争力、管理竞争力、服务竞争力。目前比较成熟的基本竞争优势模型有：科特勒竞争优势模型、五种竞争作用力分析模型、基本价值链、钻石理论模型等。

（2）旅游目的地竞争力。旅游目的地作为旅游系统的重要组成部分之一，明确竞争力所在至关重要。自20世纪70年代，国内外学者在认识到竞争力对旅游目的地发展意义的基础上，围绕旅游目的地竞争力的概念及模型、影响因素、评价指标与体系等进行了深入的研究。通过回顾已有文献可以发现，旅游目的地竞争力的概念研究处于未统一界定的状态。国外学者 Ritchie 和 Crouch（2000）从可持续发展的角度定义其为"为到访旅游者提供满意而难忘的旅游经历、吸引更多游客来访，提高当地居民的生活质量，并为子孙后代维护好该地的自然资产的能力"②。Hauteserre（2000）则从市场学的角度出发，指出旅

---

① 资料来源：百度百科，https：//baike.baidu.com/item/竞争力/81519? fr=aladdin。
② J R Brent Ritchie, Geoffrey I. Crouch. The competitive destination：A sustainability perspective [J]. Tourism Management, 2000（21）：1—7.

游目的地竞争力是能够维持并提高市场地位和份额的能力①。国内学者朱明芳认为,"目的地提供服务或商品来吸引并满足潜在游客的能力以及满足旅游者和当地居民的能力和效率,即旅游目的地竞争力"②。学者对旅游目的地竞争力的评价研究多集中在指标选取和研究方法上的差别。例如,Pearce(1997)认为,评价系统包含旅游目的地的多种属性,因此研究方法应综合定性和定量,评价指标应有软硬之分③。

2. 与旅游活动退出的关系

旅游资源的稀缺性和高度市场化特征导致激烈的多方竞争,而在这个过程中,失去优势的企业或产品终将被历史所淘汰。旅游活动的退出不仅包括旅游目的地接待旅游者人次的市场份额下降、旅游外汇收入的下降,还包括景区、住宿餐饮门店等由人为因素导致的破产、关停等。我国国内起步较早的诸如北京、上海、广州、苏州、杭州、西安、桂林等城市传统旅游目的地很多已陷入客源萎缩、产品老化、竞争不利的困境,面临着来自新兴旅游目的地产品升级迭代的挑战④。

全域旅游和文旅融合的新时代要求各地秉持可持续、整体性、内涵型发展的理念,注重自然生态和人文生态相结合。通过把握现有资源、挖掘潜在魅力、营造文化氛围等,培育旅游目的地的独特核心竞争力,要求对自身有正确的发展定位。此外,涉旅企业应提高创新能力,善于借助现代科技力量完善和升级旅游产品;政府应做好旅游规划,推动区域加强旅游合作,做好旅游公共服务工作,监督市场的不良、违法和无序竞争,创设安全、舒适的旅游环境。

---

① D'Hauteserre A M. Lessons in managerial destination competitiveness in the case of Foxwoods Casino resort [J]. Tourism Management, 2000(1): 23-32.
② 朱明芳. 关于旅游目的地竞争力测评方法的研究 [J]. 社会科学家, 2007(2): 111.
③ Pearce D G. Competitive destination analysis in Southeast Asia [J]. Journal of Travel Research, 1997(4): 16-25.
④ 崔凤军. 中国传统旅游目的地创新与发展 [M]. 北京: 中国旅游出版社, 2002: 14-123.

3. 影响旅游目的地竞争力的因素

旅游目的地竞争力的影响因素研究成果最为丰硕，涉及经济、社会文化、生态等多个层面，吕俊芳等对国外该研究进行了详细回顾①。例如，Michael 等（2004）以香港为案例地，运用实证方法研究了企业因素、旅游吸引物和旅游目的地竞争力之间的关系，得出企业因素和竞争力的相关性相比旅游吸引物要大②。进一步地，Michael 等在 2005 年通过对中国香港、曼谷、新加坡的对比研究得出决定旅游目的地竞争力的因素往往因区位和目标市场的不同而不同，其重大发现也为后来的研究开辟了新思路③。Robert Govers 等（2000）对欧洲多个旅游目的地竞争力进行了研究，认为通过全面质量管理能更好地满足旅游者需要，从而提高目的地的竞争力④。

多种影响因素是旅游目的地竞争力模型的重要组成部分。Ritchie 和 Crouch 于 2000 年提出旅游目的地竞争力分析的经典模型（见图 2-2），全面指出了保持可持续竞争的五大要素及宏观、微观两种环境。基于其他不同视角，众多学者还构建了各有特点的旅游目的地竞争力模型（见表 2-2）。

---

① 吕俊芳，翟孝娜. 20 多年来国外旅游目的地研究综述［J］. 安阳师范学院学报，2016（2）：54-60.

② Michael J Enright, James Newton. Tourism destination competitiveness: A quantitative approach［J］. Tourism Management, 2004（6）：777-788.

③ Michael J Enright, James Newton. Determinants of Tourism Destination Competitiveness in Asia Pacific: Comprehensiveness and Universality［J］. Journal of Travel Research, 2005（4）：339-350.

④ Robert Govers, Frank M Go. Integrated quality management for tourist destinations: A European perspective on achieving competitiveness［J］. Tourism Management, 2000（1）：79-88.

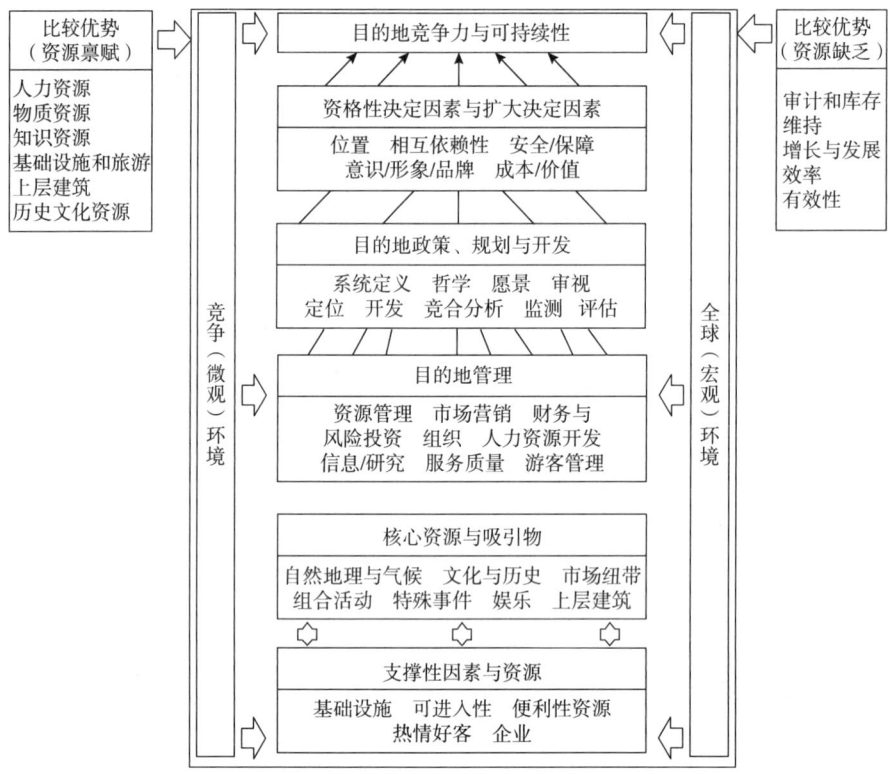

图 2-2 旅游目的地竞争与可持续性发展模型

表 2-2 国内外旅游目的地竞争力模型列举

作者	视角	旅游目的地竞争力模型内容
Hassan S S（2000）①	可持续发展	比较优势、需求导向、产业结构、环保承诺
Dwyer and Kim（2001）②	系统综合	资源、环境、需求、目的地管理
Yooshik Yoon（2002）③	利益相关者	旅游发展影响、对待环境的态度、旅游吸引物的优先发展程度、居民对环境的依赖、对旅游目的地竞争战略的支持度

---

① Hassan S S. Determinants of market competitiveness in an environmentally sustainable development [J]. Journal of Travel Research, 2000 (2): 263-271.

② Dwyer L, C W Kim. Destination competitiveness: Determinants and indicators [J]. Tourism Management, 2001, 23 (1): 13-21.

③ Yooshik Yoon. Development of a structural model for tourism destination competitiveness from Stakeholders' perspective [M]. Blackburg, Virginia, USA, 2002.

续表

作者	视角	旅游目的地竞争力模型内容
郭舒、曹宁（2004）①	游客旅游体验和居民生活质量两个维度	核心六因素联动模型
周常春、保继刚（2005）②	城市旅游竞争力	绝对因素（区位、形象、政策）、相对因素（景区景点、交通、住宿、购物、餐饮、娱乐）
易丽蓉（2007）③	补充完善 D-K 模型	五因素模型（旅游资源、旅游支持因素、目的地管理、区位条件、需求状况）

（二）旅游地功能分区管理理论

1. 理论内涵

旅游地功能分区是依据旅游地的资源分布、土地利用、项目设计等状况对区域空间的系统划分，是对旅游地的统筹安排和布置。旅游地功能分区遵循集中性原则、协调性原则、整体性原则。在遵循以上原则的基础上，旅游地的功能分区要以旅游地的实际情况为依据，不同规模、资源类型的旅游地的分区标准也是不同的④。

旅游地分区管理除了能够提高管理能力、管理效率外，最为重要的一点是在保护资源的基础上使旅游资源达到优化利用。通过对景区进行功能分区，可以分流客流、保护景区中的核心区、及时修复受损景区等，从而达到生态利益最大化。在实践过程中，需要根据旅游资源的受损情况、可恢复程度以及景观可替代程度来制订分区方案，做好旅游活动退出的限度。例如，青海省的扎陵——鄂陵湖因旅游资源严重受损而

---

① 郭舒，曹宁. 旅游目的地竞争力问题的一种解释 [J]. 南开管理评论，2004，7（2）：95-99.

② 周常春，保继刚. 肇庆城市旅游竞争力研究——兼论城市旅游竞争力的分析框架 [J]. 地域研究与开发，2005（2）：78-83.

③ 易丽蓉，李传昭. 旅游目的地竞争力五因素模型的实证研究 [J]. 管理工程学报，2007，21（3）：105-110.

④ 孟爱云. 旅游资源开发与规划 [M]. 北京：北京大学出版社，2013：189-191.

被关停[①],而黄山风景区因及时注意旅游资源现状,加之旅游资源丰富,景观的替代作用强,采用分区轮休制度来实现景区的可持续发展[②]。

2. 与旅游活动退出的关系

在一定条件下旅游地功能分区管理是旅游活动退出的一种体现形式。旅游地功能分区管理是根据资源特点将其划分为若干功能单元,如风景名胜区一般划分为生态保育区、特殊景观区、史迹保护区、服务设施区、一般控制区。其中,生态保育区不对游人开放,以生态保护为主,可进行科学研究活动;特殊景观区游客可进行参观游览,但不可兴建机械交通与住宿餐饮设施;史迹保护区在维持原貌、不得改造的基础上对外展示。通过分区管理,根据每个功能区的资源特点从而量身制定不同的旅游规则,即使有些功能区不对外开放,但有其他功能区可以作为补充,这样既达到了保护生态的目的,又满足了游客旅游多样化的需求,实现了生态利益与经济利益的双赢。对旅游活动加以全部限制和部分限制的功能区就是旅游活动退出的一种体现形式。

3. 旅游地功能分区的方式

旅游地功能分区管理是平衡生态利益、社会利益与经济利益的有效管理方法,在许多国家中已得到了广泛的应用。分区方式不仅在各个国家不同,同时在同一国家的不同资源中也不尽相同(见表2-3)。

表2-3 国家公园分区模式[③④⑤]

国家	分区方式	具体内容
美国	自然区	自然纪念地、自然避难所无开发,人车都不能进
	史迹区	在保护好文化遗产原貌的前提下,开放展示,维护原作,不能改造

---

① 资料来源:百度百科。
② 吴海江.景点轮休,人与自然和谐共生的探索[N].安徽日报,2017-12-28.
③ 孟爱云.旅游资源开发与规划[M].北京:北京大学出版社,2013:191-192.
④ 吴承照,杨浩楠,张颖倩.行为分析方法与国家公园功能分区模式——以云南大山包国家公园为例[J].环境保护,2017,45(14):21-27.
⑤ 张薇.风景名胜区规划分区的探讨[D].南京林业大学硕士学位论文,2010.

续表

国家	分区方式		具体内容
美国	公园发展区		开展旅游活动的核心区域
	特殊使用区		作为商业用地、探采矿用地、工业用地、畜牧用地、农业用地、水库用地等
加拿大	特别保护区		约占4%,人车都不能进入
	荒野区		约占90%,人能进入,车不能进,但不能排除必要的交通联系
	自然环境区		约占1%,限制机动车进入
	户外游憩区		户外游憩区可以有直达车道,是户外游憩的集中场所
	国家公园服务区		公园服务区是国家公园的接待中心
日本	特级保护区		维持风景不受破坏,一般占总面积的50%,可以有步行道和当地居民
	特别地区（Ⅰ）		在特级保护区之外的,尽可能维护风景完整性,一般占30%,可以有步行道和居民
	特别地区（Ⅱ）		需要调整农业产业结构的地区,可以有车道
	特别地区（Ⅲ）		除特级、一级、二级保护区之外对风景资源基本无影响的区域,一般占10%,是集中建设的区域
中国	自然保护区	核心区	禁止任何单位和个人进入
		缓冲区	只准许从事科学研究的检测活动
		实验区	可以从事科学实验、教学实习、参考观察、旅游以及驯化、繁殖珍稀、濒危野生动植物等活动
	风景名胜区	生态保育区	生态科学价值高,不对游人开放,保护原生态,可进行科学研究活动
		特殊景观区	自然美学价值高,开放游览、审美、创作体验等活动,不见机械交通与住宿设施,修建生态步道、解说系统和必要的休憩点
		史迹保护区	在保护好文化遗产原貌的前提下,开放展示,维护原作,不能改造
		服务设施区	可修建公路,建设安全、卫生、简朴的食宿及文化活动等服务设施,并实行特许经营

续表

国家	分区方式		具体内容
中国	风景名胜区	一般控制区	根据我国风景区一般都有农村、田园的特点，考虑原著居民的发展，改变粗放农业，发展生态农业，控制村落建筑高度、体量和形式，使之与风景区景观相协调
	森林公园	游览区	是森林公园的核心区域，为游客游览观光区域，主要用于景区景点建设
		游乐区	对于距城市50千米之内的近郊森林公园，为弥补景观不足，吸引游客，在条件允许的情况下，需建设大型游乐及体育活动项目时，应单独划分区域
		狩猎区	为狩猎场建设用地
		野营区	为开展野营、露宿、野炊等活动用地
		休疗养区	主要供游客较长时间的休憩辽养
		接待服务区	用于相对集中的建设宾馆、饭店、购物、娱乐、医疗等接待服务项目及其配套设施
		生态保护区	以涵养水源、保持水土、维护公园生态环境为主的区域
		生产经营区	从事木材生产、林副产品等非森林旅游业的各种林业生产区域
		行政管理区	为行政管理建设用地。主要建设项目为办公楼、仓库、车库、车场等
		区民生活区	为森林公园中职工及公园境内居民集中建设住宅及其配套设施用地

（三）生态补偿理论

1. 理论内涵

（1）生态补偿。生态补偿是以保护和可持续利用生态系统服务为目的，以经济手段为主调节相关者利益关系的制度安排[①]。相较之下，国

---

① 中国生态补偿机制与政策研究课题组. 中国生态补偿机制与政策研究［M］. 北京：科学出版社，2007.

第二章 旅游活动退出的理论基础

外对生态补偿的研究和实践均较早，我国自 2006 年正式提出"按照谁开发谁保护、谁受益谁补偿的原则，建立生态补偿机制"。2007 年 8 月，国家环境保护总局（现中华人民共和国生态环境部）发布了《关于开展生态补偿试点工作的指导意见》。2013 年，十八届三中全会上提出，"建设生态文明，必须建立系统完整的生态文明制度体系，用制度保护生态环境"，生态补偿制度被纳入生态文明建设这一重大国家战略中。

（2）旅游生态补偿。生态补偿的概念起源于生态学理论，专指自然生态补偿的范畴[①]，后延伸到人文生态领域；本质上是一种对生态建设赋予价格的行为，旨在通过经济补偿实现生态效益的市场交换[②]。旅游生态补偿其实是生态补偿理论在旅游业的一次有益应用。旅游生态补偿借鉴生态补偿思想，研究的补偿对象通常包括对自然的补偿和对人的补偿，具体包括生态环境、生态环境破坏的受损者、因环境变化导致生计能力丧失的社区居民以及环境治理和维护者等。其作为一种内在协调方式，能够有效地统筹协调各方利益关系，达到旅游发展与生态功能保育兼顾的目的，已成为可持续发展研究的热点问题之一[③]。目前学界对旅游生态补偿的概念并没有达成一致，但张奥佳等对其内涵进行了深入剖析[④]，包括以下四个方面：①旅游生态补偿不仅包括物质层面的补偿，还包括价值层面的补偿[⑤]；②旅游业发展要尤其关注社区居民的利益，既有利于促进生态保护的外部性内部化，也有助于提高人们继续保护生态地、支持旅游业发展的积极性；③旅游生态补偿要做到惩罚与奖励并重；④旅游业既是造成旅游地生态系统服务功能变化的主导因素，又是生态资源价

---

① 赖力，黄贤金，刘伟良. 生态补偿理论、方法研究进展 [J]. 生态学报，2008，28 (6)：2870-2877.

② 黄富祥，康慕谊，张新时. 退耕还林还草过程中的经济补偿问题探讨 [J]. 生态学报，2002，22 (4)：471-478.

③ 刘敏，刘春凤，胡中州. 旅游生态补偿：内涵探讨与科学问题 [J]. 旅游学刊，2013，28 (2)：52-59.

④ 张奥佳，程占红. 中国旅游生态补偿研究现状与展望 [J]. 资源开发与市场，2016，32 (2)：226-229.

⑤ 张一群，杨桂华. 对旅游生态补偿内涵的思考 [J]. 生态学杂志，2012，31 (2)：477-482.

值实现的市场化渠道①。其他有关旅游生态补偿的研究方向多集中在含义、补偿的利益主体、补偿标准、补偿渠道与机制、政策建议等方面。

2. 与旅游活动退出的关系

旅游业作为一种新兴产业，对我们赖以生存的外部环境来说却是一把"双刃剑"。一方面，相对于其他产业，旅游业污染环境少、破坏生态少、能源消耗少，是一种绿色产业，是典型的节能产业、环保产业和清洁产业②。另一方面，其消极外部性也不可忽视，包括环境污染、景区破坏、社会分裂、疾病蔓延等。很多时候，生态环境破坏是旅游活动退出的一个重要因素，生态的退化会加剧旅游目的地的经济贫困，而经济贫困又会导致用于生态保护的资金链断开。因此，在生态环境问题出现之前做好地区的生态补偿尤为重要，可以防止"生态退化—贫困化—生态退化"的恶性循环出现。

国内学者在怎样达到旅游生态补偿应有效用的问题上进行了多番探索。蒋姮提议，在生态旅游社区建立利益的分享机制，以进一步改善就业与增加商业机会③。杨桂华等建议，旅游目的地在建立过程中要将所有权、经营权和管理权分离，形成旅游目的地的特许经营制度④。刘敏等着重强调了沟通协调的新视角，提出可以根据补偿的主体，将旅游生态补偿的类型分为政府补偿、市场补偿以及补偿基金资助补偿三类；根据补偿内容将其分为制度补偿、资金实物补偿和技术补偿⑤。陈海鹰等形象地使用"输血式和造血式"进行描述，后者更多强调发挥社区居民

---

① 蒋依依. 旅游地生态补偿空间选择研究——以云南省玉龙县为例 [J]. 旅游学刊，2014，29 (11)：95-103.
② 王昆欣. 践行"两山"理论 发展优质旅游 [N]. 中国旅游报，2019-01-07 (003).
③ 蒋姮. 重塑自然保护区生态旅游补偿渠道 [J]. 环境经济，2009 (S1)：47-50.
④ 杨桂华，张一群. 自然遗产地旅游开发造血式生态补偿研究 [J]. 旅游学刊，2012，27 (5)：8-9.
⑤ 刘敏，刘春凤，胡中州. 旅游生态补偿：内涵探讨与科学问题 [J]. 旅游学刊，2013，28 (2)：52-59.

在旅游生态补偿中的重要作用①。旅游生态补偿的复杂性与旅游活动的退出密切相关，适当的补偿渠道和机制有利于促进目的地的生态文化保护、增强旅游吸引力。

3. 促进旅游生态补偿的有利举措

（1）法律约束。法律是政策制度得以落实的最有效武器，完善的法律体系必将推动我国生态效益、经济效益和社会效益的整体进步。学者李时练等通过对国家公园生态补偿法律关系的分析，提出应当按照"谁开发谁保护，谁破坏谁恢复，谁利用谁补偿"的方针制定一部包含生态补偿的程序、主客体、权利与义务、补偿方式、补偿标准等的《生态保护法》②。

（2）政府监管。政府对旅游生态补偿的监管义务应长期坚持。监管内容包括：不同旅游目的地的补偿方式、补偿额、补偿范围、投融资机制，示范点的发展模式并注重推广范围的可适性，生态补偿标准的测算和评价体系等③。

（3）经验借鉴。以我国国家公园的生态补偿为例，需要学习的优秀国际发展经验还有很多。美国黄石国家公园实行管理与经营分离制度，通过部分门票补偿自然、建设和维护旅游基础设施及服务设施、控制游客人数等途径对公园进行保护。澳大利亚乌鲁鲁—卡塔尤它国家公园对当地社区的补偿不仅包括通过租赁土地、分享门票收益等直接补偿，还包括参与管理及经营、捐资助学等间接补偿④。日本则采取综合管理体制，管理资金主要来源于国家拨款和地方政府的筹款，除了公园中部分景点实行收费制外，其余都不收取门票。此外，日本还创立"公园管理

---

① 陈海鹰，杨桂华. 社区旅游生态补偿贡献度及意愿研究［J］. 旅游学刊，2015，30（8）：53-66.
② 李时练，余俊，蒙妙云. 我国国家公园生态补偿法律关系研究［J］. 法制与经济，2016（8）：59-60，63.
③ 孙根紧，何婧. 中国生态补偿研究综述［J］. 商业时代，2011（12）：100-102.
④ 黄鹰西，杨亚娜，杨桂华. 中外旅游生态补偿实践对比研究［J］. 生态经济（学术版），2014，30（1）：280-283.

团队"制度,号召地方团体义务负责公园清扫和美化工作①。

利益选择与协调理论

(一)刘易斯拐点理论

1. 理论内涵

刘易斯拐点由著名经济学家威廉·阿瑟·刘易斯(William Arthur Lewis)于 1954 年在论文《劳动无限供给条件下的经济发展》中提出②,该理论基于"二元经济模型",认为发展中国家存在传统部门(以传统农业部门为代表)和现代部门(以工业部门为代表),在工业化的过程中,农业部门的大量剩余劳动力会逐渐向非农业部门转移,并发生农村剩余劳动力由过剩到逐渐减少甚至缺乏、劳动力实际工资由基本不变到不断上涨的变化历程。农业部门劳动力由过剩到短缺的转变交点被称作"刘易斯拐点",它是一国从农业国转型成工业国的必经阶段③。

2. 与旅游活动退出的关系

乡村旅游是现代产业的重要组成部分,是传统农业向非农服务业转型的重要载体,这与经济学家刘易斯对农村剩余劳动力转移规律的认知

---

① 张文茜,李丰生,曹世武.国外国家公园管理经验对广西的启示[J].河北旅游职业学院学报,2016,21(1):16-19.
② Lewis A. Economic Development with Unlimited Supplied of Labor[J]. The Manchester School,1954,22(2):139-191.
③ 周建锋.我国"刘易斯拐点"研究——诠释、判断与反思[J].人口与经济,2014(5):104-113.

相一致。以传统京郊民俗旅游为代表的我国低端乡村旅游业也经历着农村劳动力供给充足向供给相对不足的转变,农村劳动力逐渐退出乡村旅游经营也属于旅游活动退出的一种形式。

3. 影响农村劳动力参与旅游的两大因素

对农村劳动力就地参与乡村旅游经营的研究形成了两大流派:一是受到学界普遍认同的"经济转移论",即农村劳动就地转移并不是单一方向的流动过程,而是受经济利益驱动表现出一定的流动性,具体规律是:当旅游收益大于农业收益时,农村劳动力会向旅游业转移,乡村旅游经营人员数量将大幅增加;当旅游收益无法满足农户心理预期时,农村劳动力将会逐步退出旅游市场,转型其他行业①。二是"价值转移论"②,即乡村旅游经营活动的"多元价值观"会逐步代替"唯经济发展观",最终决定农村劳动力就业意向及选择。个人职业发展前景、社区归属感、生活方式和政策支持力度等因素都是影响农村劳动力旅游就业的重要因素。

(二) 公地悲剧理论

1. 理论内涵

"公地悲剧"(Tragedy of the Commons),也译为公共地悲剧,是一种涉及个人利益与公共利益对资源分配有所冲突的社会陷阱。1968年英国哈丁教授(Garrett·Hardin)在 *The tragedy of the commons* 一文中首先提出"公地悲剧"理论模型。作为一项资源或财产,公地有许多拥有者,他们中的每一个都拥有使用权,但没有权利阻止其他人使用,而每一个人都倾向于过度使用,从而造成资源的枯竭。过度砍伐的森林、过度捕捞的渔业资源及污染严重的河流和空气,都是"公地悲剧"的典型

---

① 左冰,万莹. 去内卷化:乡村旅游对农业发展的影响研究[J]. 中国农业大学学报(社会科学版),2015,32(4):21-30.

② 柳百萍,胡文海,尹长丰,韦传慧. 有效与困境:乡村旅游促进农村劳动力转移就业辨析[J]. 农业经济问题,2014,35(5):81-86,112.

例子。之所以称为悲剧，是因为每个当事人都知道资源将由于过度使用而枯竭，但每个人对阻止事态的继续恶化都感到无能为力，而且都抱着"及时捞一把"的心态加剧事态的恶化。

哈丁同时将这一状态模型化：一个向众人开放的牧场，在其中每个牧羊人的直接利益取决于他所放牧的牲畜数量的多少。由于缺乏约束的条件，当存在过度放牧问题时，每个牧羊人虽然明知公地会退化，但个人博弈的最优策略仍然只能是增加牲畜数量，久而久之，牧场可能彻底退化或废弃，这就是"公地悲剧"。"公地悲剧"的发生，人性的自私或不足只是一个必要的条件，而公产缺乏严格而有效的监管是其另一个必要条件。所以，"公地悲剧"并非绝对地不可避免。

2. 与旅游活动退出的关系

旅游行业内"公地悲剧"现象的发生较为普遍。很多公共旅游地一直是"公地悲剧"的典型反映，尤其在节假日就更是如此。2009年国庆黄金周期间，天安门地区共清运垃圾220吨，达到平时的几十倍，有损游客对天安门乃至北京旅游目的地的印象，对于旅游目的地的可持续发展造成了不良影响。

以名山大川、文化遗产等为主要资源本底的旅游目的地，"公地悲剧"现象容易产生[1]，若不及时加强监管和治理，很容易造成旅游地核心资源迅速耗损和旅游地品牌资产快速衰落。例如，近年来中国很多乡村旅游地在发展过程中均出现了"公地悲剧"现象，其结果往往导致乡村旅游地出现公共资源无度利用、公共秩序混乱、公共福利短缺以及公共形象和公共品牌受损等问题[2]，严重影响游客的满意度和口碑传播效应，最终旅游地由于游客量锐减而退出。

旅游资源的可持续利用是旅游地发展的基本保证，旅游资源公共物

---

[1] 孟凯，李佳宾，陈险峰，范士陈，娄晨曦. 乡村旅游地发展过程中"公地悲剧"的演化与治理[J]. 旅游学刊，2018，33（8）：19-28.
[2] 池静，崔凤军. 乡村旅游地发展过程中的"公地悲剧"研究——以杭州梅家坞、龙坞茶村、山沟沟景区为例[J]. 旅游学刊，2006（7）：17-23.

品属性及在消费和使用上具有的竞争性和非排他性使其"公地悲剧"现象出现的可能性极大，如何有效防止旅游资源的过度利用是保护旅游资源、实现旅游地可持续发展的关键，因此，及时采取相应的治理模式至关重要。在乡村旅游领域，不同主导力量的治理模式（包括地方政府主导、企业资本主导、村民组织主导等模式）适用于不同资源类型、不同发展模式的乡村旅游地。

3. 旅游公地悲剧形成的原因

（1）产权不明晰、治理混乱。与国外不同的是，中国旅游景区存在经营权和所有权分离的问题。公共旅游资源产权不清晰以及公有资源的非排他性是造成旅游资源开发后形成"公地悲剧"的根本原因。对于传统旅游景点，产权相对单一，因此相应的治理思路相对明晰，政府的治理角色和方式都很容易界定，利益冲突较小。对于复合型的景区来说，多元权利主体和公共旅游资源交织在一起，政府的治理角色和方式显得复杂，政府既不能无视既有权利主体的合法利益，也不能无理压缩和限制它们的利益空间，但又要保护作为公共资源的整体旅游环境[①]。如果有一方失衡，或是政府的监管治理不到位，旅游地容易陷入"公地悲剧"和"规制僵化"的双重困境。若治理缺失，不同的权利主体可能过度开发公共旅游资源，野蛮生长，破坏原有的旅游生态，导致旅游地旅游形象受损、旅游热度急剧下降，最终产生旅游地退出的结果。若规制过严或是变动不居，可能造成旅游资源开发活力不足、陷入僵化，同样会破坏旅游地发展。

（2）旅游目的地相关利益主体的"恶性竞争"。在旅游目的地系统的形成和打造过程中，各个利益主体存在着相互竞争、相互博弈，甚至相互"拆台"的情况。为追求自身利益，各利益主体盲目跟风，同质化竞争明显，导致恶性价格竞争。各地方政府出于对政绩的追求，较少考虑甚至忽略社区居民的利益，更多地追求旅游设施水平和旅游发展水平

---

① 韩攀. 评：景区治理要避免公地悲剧和规制僵化［EB/OL］. http: //www. xinhuanet. com/travel/2015-10/02/c_ 128286946. htm，2015-10-02.

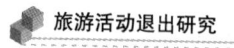

的提升,因此在利益分配和平衡方面也存在严重的不足。旅游目的地居民也存在恶性争夺本属于他们的"公地资源"的情况,导致旅游地生态环境破坏严重①。近年来,乡村旅游发展历程中出现较多此类事件。

(三) 旅游主客关系——主客冲突

1. 理论内涵

(1) 旅游主客关系。旅游主客关系既是旅游学的重点研究领域,也是旅游人类学、旅游社会学重要的研究内容。从表面上看,旅游是旅游者离开惯常环境到异地进行的短暂活动,是一种空间移动现象,但实际上是分别以旅游者与旅游目的地居民为载体的旅游客源地文化和旅游目的地文化的交流。在这两种文化交流的过程中无法避免旅游者与旅游地居民的交往。解决主客交往矛盾,处理好主客关系,营造和谐主客关系,决定了目的地的旅游可持续发展。国外对旅游主客交往的研究起于20世纪60年代,比国内要早30年左右,积累了相对丰富的理论与成果,主要理论有愤怒指数理论、生命周期理论、舞台真实性理论、社会交换理论、旅游凝视理论等。其中,与旅游活动退出最相关的理论是"愤怒指数"理论②。Doxey(1975)在巴巴多斯和亚加拉湖区调查研究的过程中发现,当地的居民对旅游者的态度经历了从兴奋、漠然、厌恶到对抗四阶段的变化,并总结提出了著名的"愤怒指数"理论来揭示旅游地居民对游客的态度变化③。很显然,从第三阶段开始,主客关系已经开始向冲突关系发展。

(2) 旅游主客冲突。旅游主客冲突是在旅游地发生的,旅游地居民与旅游者之间由于利益、需求、价值观、文化背景、行为方式等的差异

---

① 陆宇荣. 公地悲剧视角下的我国乡村旅游产业发展悖论及治理 [J]. 太原城市职业技术学院学报, 2015 (6): 36-38.

② 汪侠, 郎贤萍. 旅游主客交往研究进展及展望 [J]. 北京第二外国语学院学报, 2012, 34 (11): 19-29.

③ Doxey G V. A Causation Theory of Visitor-Resident Irritants [J]. Proceedings of the Sixth Annual Conference on Travel and Tourism Research Association, San Diego, 1975: 195-198.

和对立所引起的双方在交往互动过程中的不适心理状态或激烈性行为对抗状态。这一定义还有三大内涵：一是发生的场所在旅游目的地；二是对单一个体而言，冲突发生的时间是短暂的而非永久性的，会随着旅游者的离开而终止，但是对东道主和旅游者这两大全体而言，主客冲突一直存在，无法避免；三是造成主客冲突的原因是多方面的，并且产生的结果具有二重性，既可能促进主客交流，也可能破坏主客和谐关系①。

2. 与旅游活动退出的关系

旅游主客冲突是旅游地居民对当地旅游发展不满的表现之一。旅游地居民作为旅游业重要的利益相关者之一，对目的地旅游的可持续发展具有重大影响。发展旅游不可避免地会给当地居民带来负面效应，如房价攀升、交通拥堵、环境污染、噪声污染等，忽略目的地居民的诉求，片面追求旅游发展效益，令旅游发展的感知成本远远超过预期收益，很容易爆发大规模的抵制游客行为。威尼斯就因长期接待大量的游客，尤其是一日往返的观光型游客，给当地的居民带来了严重的不便，激发了当地居民的反旅游行为，而威尼斯也差点失去联合国世界遗产的地位。2017 年，意大利当局颁布禁止威尼斯再建新酒店或翻新扩修酒店的决定。

3. 引起旅游主客冲突关系的因素

（1）文化习俗差异。文化习俗差异因素是造成主客冲突关系的主要因素。目的地和客源地之间的差异性不仅会激发旅游意愿，也会成为主客矛盾之源。当旅游者因好奇越界，或者以自己的文化习俗去评判对方时，必然会造成两者之间的冲突。例如，"猪"是回族人民的信仰图腾，游客与之相关的禁忌行为很容易引发主客矛盾。

（2）资源有限性与利益冲突。旅游地的土地资源、水资源是有限的。旅游活动的开展需要旅游地提供交通、住宿、餐饮、娱乐、购物等设施，因而会导致旅游地相关资源被旅游者占用，当地居民的生活与娱

---

① 卢璐. 古村落旅游区主客交往与互容性研究 [D]. 陕西师范大学硕士学位论文, 2011.

乐无法避免地会受到影响，一旦这些影响超过居民的可接受程度，就很可能造成主客冲突。

（3）社会地位认同差异。在旅游过程中，会有部分旅游者认为自己是"买方"而将自己放在较高的位置去看待旅游地居民，或者在经济不发达、文化传统性强的偏远地区旅游时，认为自己"高人一等"。经济和文化发展水平的落后，也会让当地居民产生自卑感。当这种对自身社会地位的认知差异反映到旅游者的行为上，投射到当地居民心智中时，很有可能会引发两者之间的冲突。

（4）生活方式差异。旅游者的到访不仅会打破旅游地居民原有的生活方式和习惯，同时旅游者的不良示范效应也会改变当地居民（尤其是年轻人）的生活习惯、价值观念等。比如，为满足旅游者的偏好建设的酒吧、KTV等娱乐场所，不仅会对当地青少年造成不良示范效应，同时，来自娱乐场所的嘈杂声音也会影响当地居民的传统作息时间。当然，旅游并不是导致这些现象产生的必然因素，而是加速它们生成的推力。

第三章

旅游活动退出的基本类型

旅游活动退出基于各种因素，又以各种形式表现出来，依据不同的标准可将旅游活动退出进行以下划分：

基于退出的程度

根据旅游活动退出的程度，可将其分为全部退出和局部退出。局部退出较全部退出表现得更加普遍。

局部退出是指在空间范围、密度、内容和性质、时间等方面在"度和量"上的限制或减少。例如，莫高窟缩减和严格控制开放参观范围、布达拉宫等一些景区的游客限流、凤凰古城的深夜经营活动限制、南锣鼓巷对旅行团队活动的限制、故宫清理部分餐饮经营单位等。

全部退出与局部退出相比，在范围、时间、内容等方面的反映更强烈，是对旅游活动的全面禁止。例如，青海湖的鸟岛景区和沙岛景区于2017年全面封闭停止经营。

基于退出的自愿性

根据旅游活动退出的自愿性，可将其分为主动退出和被动退出。主动退出和被动退出具有相对性，本部分所指主动和被动是针对旅游经营主体而言的。

主动退出是指退出的决策主要由旅游经营主体做出。例如，南锣鼓巷主动"拒客摘牌"；布达拉宫、青海湖为保护资源主动限制游客参观数量、时间及范围；武汉大学、人民大会堂回归本职功能，限制旅游者参观。

被动退出则是指经营主体受政府、市场、法律等其他主体或相关因素的作用而放弃经营活动。例如，我国外交部发布"暂勿前往"安全提醒后，国内旅行社遵循建议减少或停止往特定地方发团①，一些旅游产品被市场淘汰。其他因素发挥作用的案例如"8·8地震"后，九寨沟关闭景区暂停接待游客（2018年3月，九寨沟景区曾暂时恢复对外营业，后又因强降雨造成的泥石流灾害，于2018年7月1日再次关闭，截至2019年7月仍未开业），周庄因利益问题被百家旅行社集体抵制等②。

基于不同诉求的退出

旅游参与主体的不同，决定了退出的主导利益诉求（原因）不同（Seraphin, Sheeran, Pilato, 2018）③。引起旅游退出的诉求大致可以分为以下几种类型：

第一，基于经济效益诉求。以吉利汽车企业为代表的制造业企业转型发展工业旅游后，不仅工业旅游经营惨淡，主业也因旅游接待受到影

---

① 外交部. 中国公民近期暂勿前往马尔代夫旅游［EB/OL］. 网易新闻, http://news.163.com/18/0208/19/DA55PTP500014JB6.html, 2018-02-08.
② 门票涨价旅行社利润降低 周庄被"打入冷宫"［EB/OL］. 新浪新闻, http://finance.sina.com.cn/roll/20050405/13481489244.shtml, 2005-04-05.
③ Seraphin H, Sheeran P, Pilato M. Over-tourism and the fall of Venice as a destination［J］. Journal of Destination Marketing & Management, 2018, 9: 374-376.

响。经营效益的降低使一部分企业退出工业旅游。

第二，基于资源保护诉求。对于如同莫高窟、布达拉宫、黄山风景区等特殊资源和遗产，旅游功能只是其附加功能之一，其更大的价值在于它们所具有的历史文化价值、科学研究价值等。由于此类特殊资源和遗产的唯一性、不可再生性和脆弱的特性，当旅游发展与资源和遗产保护相冲突时，就会出现旅游退出现象。

第三，基于社区诉求。发展旅游难以避免会对旅游目的地产生某些负面影响，如打扰目的地居民的生活，破坏目的地社区原有的结构、文化传统和环境，异化社区居民等，有些国家和地区会为保护目的地社区的文化和居住环境而限制旅游过度发展。

第四，基于其他诉求。例如，中南海退出旅游参观活动，部分大学停止接待游客，为保护公民安全而禁止进入部分景区，为加强廉政和社会风气建设而拆除会所等设施①。

基于不同主体的退出

旅游活动退出的主体有以下几种：

第一，社区居民。这一类的表现有：由于年龄增长、收入来源多样化或生活观念变化等原因，参与旅游经营的居民数量减少；社区居民抵制本地发展旅游；为保护社区居民的利益和生活环境限制旅游发展；限制旅游地居民进行无规制的旅游经营活动，如北京雕窝民俗村禁止村民在石峡林景区门口售卖特产，等等。

第二，政府。如原国家旅游局出台《景区最大承载量核定导则》并

---

① 人民大会堂［EB/OL］. https：//baike.baidu.com/item/人民大会堂/29472？fr=aladdin#5.

引导景区旅游活动限制措施。

第三，开发经营商。如《印象海南岛》等项目退出市场。

第四，其他相关主体。专家、专业组织、社会媒体、宗教、文化机构等其他力量主体（Routledge，2001）①，对旅游活动退出也会产生影响。旅游活动退出往往是多元利益相关主体基于不同的利益诉求和价值标准相互博弈与协调的结果。

五

基于退出的基本形式

旅游活动退出具有不同的形式，大致可分为以下几种：

第一，停止经营。停止经营包括旅游地停止开放、产品或经营者退出市场。当旅游地资源和环境因过度发展旅游或者自然因素等遭到严重破坏时，会以生态利益优先为原则关停景区，停止旅游活动，以修复被破坏的资源和环境。或者当旅游产品因市场竞争力不足被其他旅游产品完全替代，彻底被淘汰时，相关产品经营者会停止供应，放弃经营，退出旅游市场。

第二，活动限制。活动限制指对经营者、游客等相关主体的旅游活动进行限制，如对旅游活动时间、游客数量和特定游客行为的限制等。当旅游活动对资源与环境的负面影响在可控范围之内时，相关主体为保护资源和环境会通过预约、限流量、限时段、限方式等减少旅游活动的影响，加快资源的修复。

第三，空间调整。空间调整即对开展旅游活动的空间范围加以调

---

① Routledge P. "Selling the rain", resisting the sale: Resistant identities and the conflict over tourism in Goa [J]. Social & Cultural Geography, 2001, 2 (2): 221-240.

整,包括限制活动范围、开放其他区域和间接性开放某一区域等。例如,自然保护区将旅游活动的范围限制在"实验区",在旅游区开发功能类似的景点或项目以缓解客流,以及同一景区内施行景点轮休制度等。

第四章

旅游活动退出的模式

旅游地衰落与旅游活动退出

（一）基本概念

旅游地衰落是指由于市场变化、产品与设施老化、旅游资源变化等原因，旅游目的地在经历探索、成长、稳定等阶段后，可能进入衰退阶段，从而出现旅游活动退出的现象。

（二）表现形式

在旅游业总体快速增长的背景下，相对衰退的案例较多，绝对衰退的案例很少。例如，我国"四大避暑胜地"（北戴河、庐山、鸡公山、莫干山）中的鸡公山，显著地进入相对衰退阶段，虽经过多次重组改造努力，但显然尚未达到与其他几处相接近的市场地位和效益。辽宁兴城、山东养马岛等一批发展较早的度假地因竞争和市场因素也出现显著的相对衰退现象。国外目的地衰退的案例包括英国和北欧的许多目的地。

（三）案例说明——贵阳市镇山村旅游退出的机制与表现

1. 案例地概况

镇山村（见图4-1）位于贵阳市花溪区石板镇花溪水库中部的一个半岛上，与花溪风景名胜区毗邻，距离贵阳市21千米，距离花溪区10千米，交通便利，是一个以布依族为主的布依族和苗族杂居的自然村寨。从布局上看，全村分为上下两个寨，依据地势和屯兵需求，上寨为古屯堡，民居包裹于绵延的屯墙之内，多以三合院为主，院落多以石头砌筑高台；下寨为布依族民居，原建于河畔，后因1958年花溪建水库搬迁至屯墙之下，并因地制宜，以筑台的方式呈现层叠的形态特征。镇山村由于年代久远、民族风情古朴、民俗文化丰富，1993年被批准为"贵州镇山民族文化保护村"，1995年定为"贵州省级文物保护单位"。

图 4-1　贵阳市镇山村（一）

资料来源：太平洋摄影博客，http://dp.pconline.com.cn/dphoto/list_1817882.html。

图 4-2　贵阳市镇山村（二）

资料来源：太平洋摄影博客，http://dp.pconline.com.cn/dphoto/list_1817882.html。

2. 旅游活动退出演变过程

第一，与挪威签订合作协议，推动旅游业的发展。1995年6月，花溪区旅游局在镇山村发展了11户旅游接待户，可经营餐饮、住宿、游船等项目，还增加了民俗歌舞表演等。由此，镇山村旅游开发初具规模。1998年10月，国家文物局、中国博物馆学会与挪威文博专家正式确定将镇山村列为中挪文化合作的国际性项目——贵州生态博物馆群，而镇山村正式确定成为贵州生态博物馆群之一。1994~2001年，周边景区竞争力较小，镇山村的旅游发展一帆风顺。2000年，镇山村的旅游接待量就超过了10万人次，发展速度十分迅速。2002年，当地政府通过国务院批准，正式建立了花溪镇山村布依族生态博物馆，镇山村借此契机具有了更高的知名度。

第二，"非典"政策利好，旅游发展达到顶峰。参与旅游业的村民人数不断增加，每年到此旅游的人数达10万余人次，旅游年收入达80多万元。2003年因"非典"缘故，我国各级政府相继出台了取消"五一"黄金周、严格限制人员流动、禁止跨省旅游和限制组团旅游等政策，因而贵阳市内游客利用双休日到镇山村休闲度假的游客人次上升，达13万之多。"非典"过后，游客人次又开始回落，旅游人次一直在年均10万左右徘徊①。

第三，景区管理秩序混乱，排号制度建而又废。镇山村由于在旅游开发过程中生态环境受到破坏、旅游产品结构相对单一，因此对游客的吸引力逐渐下降，旅游发展速度逐渐放缓，游客量在十万人左右浮动，在数量规模上很难突破，由此造成了景区内部农家乐之间的恶性竞争，对村庄的正常运转造成了困扰。镇山村曾制定了《镇山村旅游餐饮接待制度》，即农家乐排号接客制度，并聘请村民担任专职监督员，制度强制执行到2005年9月12日。游客数量减少导致村寨旅游收入降低，村

---

① 梁玉华. 少数民族村寨生态旅游开发与旅游可持续发展探讨——以贵阳花溪镇山村旅游开发为例 [J]. 生态经济（中文版），2007（5）：113-117.

里没有能力支付监督人员工资,因而被迫取消排号接客制度①。

第四,资源等级较低,影响旅游可持续发展。镇山村景区规模较小,资源等级仅属省级文物保护单位,和国内一些规模较大的古村落相比,其知名度和吸引力都不够高。此外,村寨的旅游发展尚处于浅层次的开发阶段,旅游产品结构单一、旅游商品短缺,人均消费额较低,一日游游客的平均消费仅为 20～30 元/人,游客停留时间短,无其他消费。在这种情况下,镇山村的旅游经济较为低迷,严重影响了旅游业的持续发展。2010~2014 年镇山村游客量与旅游收入统计如表 4-1 所示②。

表 4-1　2010~2014 年镇山村旅游业人次与旅游收入统计

年份	2010	2011	2012	2013	2014
游客量(万人次)	7.72	7.75	7.69	7.59	7.56
旅游收入(万元)	286.45	308.29	275.23	256.29	177.35

从表 4-1 可以看出,镇山村的游客量与旅游收入从 2011 年开始逐渐走上下坡路,甚至达不到早期的发展水平,之后几年的旅游接待人数一直在 7 万人徘徊,总体趋势呈下滑走向,而旅游收入则更是直线下滑。

第五,游客数量有限,引起村民间的恶性竞争。为了争夺每天有限的客源,镇山村的部分接待户派出家里身强力壮的男子到村寨门口等待游客,更有人骑着摩托车到村寨两公里以外的地方等待进入村寨的客源,并强行拉入自己家中。这种做法不仅对镇山村的旅游服务质量产生了不良影响,更是引起游客的极度反感。村民间的收入差距、激烈的利益矛盾导致旅游服务质量下降,客源越来越少。加之近几年镇山周边的旅游点逐渐兴起、成熟,严重影响了镇山村的发展状态。

---

① 陈志永,梁玉华. 民族村寨旅游地衰落研究:以贵阳市镇山村为例[J]. 云南社会科学, 2007 (1): 99-102.

② 李甫. 贵州少数民族村寨旅游业发展的困境与对策研究——以花溪区镇山村为例[J]. 贵州民族研究, 2016, 37 (2): 130-133.

3. 旅游活动退出的原因

从一个小村寨，到民族村寨旅游地，到生态环境受到破坏，再到如今以保护和发展并行。镇山村景区旅游活动退出主要有以下几种原因：

第一，民族特色文化消失，环境受到破坏。为了追求经济效益，增加接待量，保证游客住宿问题，村民们乱挖乱建、挖土取石，破坏了当地的生物多样性，造成生态环境的恶化。为了满足游客饮食需要，花溪水库中的鱼虾被肆意捕捞，水域生态环境遭到破坏；农家乐餐馆在烧煤做饭时对村寨空气造成污染，同时带来环境卫生问题。此外，当地村民受现代社会物质文化的影响，最具魅力的布依特色文化风情在村中极少展现，全村男女老少，几乎都着汉装、讲汉话，没有接待仪式，没有民族传统技艺和民族歌舞表演，少有民族工艺品的出售，婚丧嫁娶等民俗活动也不愿按传统程序进行，导致游客走进镇山村已经很难感受到民族文化，而民族文化是旅游的宝贵特色资源，一旦变质或被同化，将失去特色，资源的吸引力也将消失。

第二，村民旅游收入差距大，引起恶性竞争。旅游开发之后，由于地理位置的原因，镇山村远离水库的村民因为很少开农家乐而未从旅游发展中获得利益；而靠近水库的下寨地理条件较好，餐馆和旅馆分布比较集中，因此下寨的人相对富裕一些。当村民间旅游收入上的差距逐渐扩大时，村民参与旅游的积极性就会大受打击。在经济利益的驱动下，村民早已无暇顾及接待质量的好坏，加之缺少合理的分配机制，导致村民间恶性竞争，经济收入逐渐减少。因此，在旅游发展过程中，一定要注意分配的公平性与合理性，并通过建立有效的利益均衡机制，确保每个人都能分到利益①。

第三，旅游设施不完善，旅游服务质量弱。镇山村缺少相应的旅游设施，整个景区尚无供游客休息的场所；旅游商品质量低下、质价不符，未达到游客期待的物美价廉的愿望；景区无导游服务，工作人员服

---

① 何嵩昱. 贵州民族村寨旅游发展模式研究——以朗德上寨和镇山村为例［J］. 贵州民族研究，2013（3）：90-93.

务态度不够专业，有待加强。景区设施设备不完善，旅游服务质量低下，导致游客体验性差。

第四，产品主题不明确，缺乏民族特色。由于受现代文化的冲击，布依文化、布依风情鲜为人知。在村中极少有展现民俗文化的活动和表演，独特的民族建筑风格也很少保留，可以明显地感受到传统民族文化正在逐渐隐退，而民族文化正是旅游开发较为宝贵的特色资源，一旦变质或被同化，资源的吸引力也将消失。换言之，镇山村在旅游发展建设过程中，明显背离了"民族文化村寨旅游"这一主题，村寨的原真性及自然性没有得到保护，产品主题不明确，导致游客体验感减弱，影响村寨旅游形象。

第五，生态旅游产品缺失，影响可持续发展。长期以来，在旅游开发过程中，镇山村的旅游产品仅仅是传统石头村寨和自然景色相结合的观光旅游和贵阳市民周末度假一日游。由于产品单一，旅游团队仅将此地作为花溪天河潭景区的附属产品，通常团队在这里游览的时间仅一小时左右，一般不用餐，消费极低。周末度假的游客在这里活动的内容以消费城市流行娱乐方式为主。村里几乎没有特色民族手工业（如刺绣、纺布、石雕、首饰银器加工、酿酒等）加工点，没有民族纪念品销售点。

4. 镇山村旅游活动退出的应对措施与经验借鉴

通过对旅游活动进行限制，镇山村景区生态环境得到了良好的改善，并能够使之保持较强的市场吸引力和竞争力。通过政府保护、提高村委会管理意识等，其生态环境得到了恢复，留存了村寨的历史文化研究价值，同时也提高了景区的经营管理水平，维护了村寨的旅游形象，提升了游客的旅游体验感，完善了景区管理体系。在旅游活动退出的过程中，镇山村景区的实践经验主要有：

第一，应用智库合理指导本村相关管理制度建设。镇山村的旅游业发展对于村寨的经济发展有着不可估量的作用，因此，在当地政府的大力支持和相关专家的悉心指导下，镇山村村委会明确规定了村寨旅游管理的原则与体系，并制定了严格的接待管理制度。村民们分工明确，各司其职，从而保证了景区的正常运转。

第二，注重社区参与旅游保护与发展。镇山村村委会建立了"文化、环境保护"和"旅游开发"的双向互动、良性循环机制，制定了严格的管理机制，明确了旅游管理模式，让村民更加明白只有绿水青山才能更好地发展旅游、脱贫致富。村民在村委会的劝说下，都能自觉按有关规定执行，遵循"修旧如旧"的原则，保持房屋的原有风貌，积极参与文化建设与生态保护。村委会积极采取措施，维护了景区形象，协调了居民利益，也激发了居民保护生态的自觉性，从而共享优质生态环境所带来的旅游发展效益。

第三，组织村民积极参与旅游开发，注重经济合理分配。民族村寨原有的自然环境和民族文化的组合是发展生态旅游独具魅力的资源基础，而村民更是这个组合中不可或缺的一部分，村民们的日常生活形态及农耕生产本身就是活生生的民族文化，其自身就面临着保护和传承任务。组织村民参与生态旅游的开发和经营，在自己的居住地接待旅游者，向游客展示自身文化和赖以生存的真实自然环境，可以为游客提高良好的文化真实性感知。只有不断拓展村民参与生态旅游开发和经营的途径，吸引更多农户主动参与旅游服务接待，让他们获得实实在在的经济利益，才能提高村民自觉保护文化和资源的动力，从根本上解决民族文化资源和生态环境保护问题。

管理效能的空间控制与布局导致旅游活动退出

（一）基本概念

管理效能的空间控制与布局导致旅游活动退出，是指管理者为了达到管理效能、效益、效率、效果的和谐统一，实现特定的管理目标，采取一定的手段与措施，对旅游资源（包括自然和人文旅游资源）进行地理空间上的分割、分配，包括对旅游资源从开放区域、开放面积、开放时间等做出安排。其中，分区是提高旅游地管理效能最常见的方式，是基于有效控制旅游资源、优化体验效果、促进目的地有序发展等目的，将旅游地划分不同功能的区块，对于具体区块"做什么"和"不做什么"做出明确的界定。轮休是在景区分区的基础上，采取时间上的错位旅游来提高管理效能。对景区采取分区轮休管理能够达到经济效益和环境效益最优化。

（二）表现形式

自然保护区的"三圈层"划分和管理是分区管理的一种体现。Hills 和 Lundgren① （1977）、Britton② （1980） 等将区域经济领域的核心—边缘理论引入旅游研究，建立了核心—边缘理论模型（Core-periphery Model）。同时，在旅游地规划和管理中，功能区布局模式也被广泛运用。例如，加拿大国家公园一般被划分为特别保护区、荒野区、自然环境区、户外游憩区、公园服务区。在分区管理方面具体的还有"双核布局模型""核式环布局模型""社区—旅游吸引物综合体模式""目的地地带模型"等。通过分区，游客活动被局限于较小的可控范围内。国内黄山、鸡公山等大型景区都经历过基于分区管理的局部设施拆除和迁移。

（三）案例说明——黄山风景区分区轮休制度

1. 案例地概况

黄山，原名"黟山"，位于安徽省黄山市，地处安徽省南部，拥有世界自然和文化双遗产、世界地质公园、国家级风景名胜区、国家 5A 级旅游景区、中华十大名山等多种荣誉与头衔。黄山集中国各大名山的美景于一身，以奇松、怪石、云海、温泉"四绝"著称于世，现在"冬雪"成

---

① Hills T L, Lundgren J. The impacts of tourism in the Caribean, A methodological study [J]. Annals of Tourism Research, 1977, 4 (5): 248-267.

② Britton S G. The spatial organization of tourism in a neo-colonial economy: A Fiji case study [J]. Pacific Viewpoint, 1980, 21 (2): 144-165.

了黄山第五绝。黄山不仅自然景观奇特,而且文化底蕴深厚,传轩辕黄帝曾在此炼丹,所以黄山非但以景取胜,还是几千年来道家仙士的常游之所,拥有"天下第一奇山"之称。"五岳归来不看山,黄山归来不看岳"是对黄山最好的评价①。1996年11月黄山旅游发展股份有限公司正式成立,开创了黄山旅游发展的新纪元。黄山旅游一度被认为是中国旅游的开端②。

图4-3 黄山云海

资料来源:黄山风景区管理委员会官网,http://hsgwh.huangshan.gov.cn/About/show/1051964.html。

图4-4 黄山迎客松

资料来源:黄山风景区管理委员会官网,http://hsgwh.huangshan.gov.cn/About/show/1051964.html。

---

① 黄山[EB/OL]. 百度百科,https://baike.baidu.com/item/黄山/9416?fr=aladdin.
② 中国旅游从黄山出发:黄山旅游20周年发展历程概况[EB/OL]. 黄山旅游,http://news.hs.xafc.com/show-557-653514-1.html,2016-11-15.

2. 旅游活动退出演进过程

黄山属于国家著名景区,同时又有丰富的历史文化积淀,因此吸引诸多游客到此游览。随着经济的发展以及人们生活习惯的改变和调整,人们开始努力寻求一个集文化底蕴、自然资源、康体健身于一体的旅游地,黄山因此成为一个比较完美的目的地选择。据悉,2017年黄山全市共接待游客5777.18万人次,旅游总收入506.11亿元,其中,黄山风景区接待游客336.87万人、同比增长2.06%,门票收入5.43亿元、同比增长0.02%,进山游客数创历年新高[①]。

黄山景区旅游的发展带动了整个地区经济的发展,促进了当地基础设施的完善,同时也带来了一些问题。黄山的旅游资源有限,承载能力有限,过度发展旅游导致黄山的自然资源和人文资源均受到了一定的破坏和浪费,如何对黄山进行更有效、更合理的开发管理引起了管理者的思考,适当的旅游退出由此而生——景区轮休或一部分景点暂时退出旅游接待。

第一,初试轮休制度,成效明显。1987年10月,受"海洋休渔期"和"封山育林"的启发,黄山天海管理区尝试对始信峰进行封闭轮休[②]。1989年4月,始信峰重新对游人开放,管护人员对比轮休前的景区状况发现,轮休后游道两侧的植物长势良好,原本被游人践踏成裸露区域的部分已被植物密集覆盖,松树偏黄的梢头和针叶重新变成浓绿,灯笼树梢头也明显增长。当年,景点封闭轮休制度被写入省人大常委会第十次会议通过的《黄山风景名胜区管理条例》。

第二,大范围推广分区轮休制度,错开各景点接待时间。始信峰轮休制度的试行对资源保护成效明显,也有效地提高了景区的管理能力。此后,天都峰、莲花峰、丹霞峰、狮子峰等热门景点陆续封闭轮休,每个轮休期为3~5年。目前形成了光明顶以南的天都峰、莲花峰相互"轮

[①] 黄山风景区2017年接待游客336万人次,创历史新高[EB/OL].经济视野网,http://www.sohu.com/a/215794772_531786,2018-01-10.

[②] 景点轮休,人与自然和谐共生的探索[N].安徽日报,2017-12-28.

休",光明顶以北的始信峰、狮子峰等有计划"轮休"的分区轮休模式。

第三,对部分景区实行冬季封闭。由于冬季容易发生火灾、地质灾害和游道结冰,考虑到游客安全,从2005年起,黄山风景区开始对天都峰、莲花峰和西海大峡谷实行冬季封闭维护。

第四,禁止游客进入没有安全保障区域开展游览活动。黄山市人民政府在2009年出台了《关于禁止进入黄山风景区没有安全保障区域开展游览活动的通告》,规定所有进入风景区游览的人员,必须凭票并按正常旅游线路进行游览,禁止一切人员通过非正常旅游线路进入景区游览或进行其他活动。所有进入黄山风景区范围内的游客和其他人员,必须严格遵守国家有关法律法规和景区保护管理规定[①]。

第五,实行限流制度,缓解景区超载。2013年9月,黄山在国内景区率先核定日最大承载量为5万人,并推出预测、预约、预警机制,从源头上缓解景区"超载"。2016年春节期间,黄山针对山岳景区冬季旅游特点,对不同季节承载量进行细化量化,明确景区冬季日最大承载量为3.5万人,控制游客数量。

第六,推行实名提前预约、分时预约机制。2018年3月1日起,黄山风景区在安徽省率先探索实名预约制,加强旅游安全、秩序管理。在旅游电子商务平台、微信、旅行社等多种渠道实行全网实名制预订。针对节假日、旅游旺季等高峰期客流拥堵现象,黄山风景区还适时推出分时预约[②]。从2018年9月开始,在黄山搭帐篷露营也必须提前在服务中心预约,并在指定地点和约定时间露营。

3. 黄山风景区实行相关旅游活动退出措施的原因

第一,旅游发展导致的资源损害是推动试行轮休制度的直接原因。1980年后期,大量游客涌入黄山景区,随着黄山旅游接待量逐年攀升,景区、景点长期处于超负荷运行中。天都峰、始信峰等几大景区、景点

---

① 黄山市规定:禁止进入黄山风景区没有安全保障区域开展游览活动 [EB/OL]. 安徽省旅游信息中心, https://news.cncn.com/68659.html, 2009-02-16.
② 减少购票排队 黄山景区试水游客实名预约制 [N]. 安徽日报, 2018-03-17.

相继出现不同程度的"疲劳"现象：植被大幅度减少、水土流失状况恶化、岩石沙化明显，一些黄山松根部受到侵害，松树的立地条件恶化，导致针叶枯黄、免疫力下降，次生性病虫害时有发生，一些树木甚至出现枯竭。植被资源保护迫在眉睫，管理部门开始在始信峰试行短期封闭制度。

第二，提高管理效能、维持旅游永续发展是轮休制度持续推行的最根本原因。最初黄山采用轮休制度是为了保护植被资源，但也明显地提高了景区的管理能力，减少了大量的管理和服务成本，令这项制度推行了三十多年，并且在景区全面实行。短时间来看，部分景区的关停和退出会对黄山旅游经济增长产生不良影响，但是从长远发展上来看，带来的综合效益远远超过不顾及景区承受能力、盲目接待游客带来的短期收益，能够最大限度地保证黄山旅游永续发展。

第三，提高游客舒适度、优化景区秩序是推行实名预约制度的出发点。黄山客流长年不断，尤其是节假日和旅游旺季客流拥堵现象严重。推行实名预约制度能够促进景区科学供给、有效分流、优化管理、提升品质，方便游客合理安排行程，节省排队时间，增强游览体验。

4. 黄山风景区旅游活动退出的经验借鉴

通过对旅游活动进行限制，完善景区开发制度，黄山风景区生态环境得到有效恢复。通过分时分段、分区域的对外开放限制，不仅减轻了资源的承受压力，有利于资源的自我修复，同时也提高了景区的管理水平，提升了景区形象，优化游客体验，使黄山风景区的旅游能够持续发展。在旅游活动退出的过程中，尤其是分区轮休制度中，黄山风景区的实践经验主要有：

在分区轮休制定过程中，黄山风景区会综合考虑资源状况、资源特征、地理情况、气候要求以及游客体验等多种要素，制订出相应的分区轮休方案，以给游客提供最佳的旅游体验。例如，黄山观云海，最好选择在每年的11月到第二年的5月期间，并且在日出之时、日落之前、雨雪天之后这三个时刻。云海有五大海域：前海（莲花峰、天都峰以南，又称南海）、后海（狮子峰、始信峰以北，又称北海）、东海（白鹅岭以东)、西海(丹霞峰、飞来峰西边)、天海(光明顶前,位于前、后、东、西四海中间),这五大海域景观类似,因而将五海所在的狮子峰、白鹅岭、丹霞峰、光明顶等分为大致相同的一类,轮休时会考虑资源的同质性,关闭若干相似的资源。在考虑游客体验的基础上进行分区,对气候要求不同的景区抽出一部分实行退出,尽量避免重复和缺漏。

"轮休"并不是一封了之,而是定期"体检",助力资源快速恢复。黄山风景区园林部门要对景区植物和林间环境进行严格的卫生清理,清除枯死倒伏木,枝干发生病虫害的对症下药,针叶瘦弱的叶面喷肥,根系闭气积水的"透气透水",同时测土施肥,增加营养,中和土壤酸碱度,促使生态尽快恢复。水土流失严重的,移土固土,栽草植树,增加辅助设施。"轮休"期满,还要邀请专家依据《黄山风景名胜区景点封闭轮休规范》评估,植物恢复健康,水土流失得到综合治理,野生动物恢复到一定水平,旅游设施没有安全隐患,几项标准齐备后才能重新对游人开放①。

经营条件变化导致旅游退出

(一) 基本概念

区位、交通、政策等经营条件的变化导致旅游业及旅游业的支撑性产业如交通业、住宿业发生变化,旅游目的地的相对经营优势也随之发生变化。区位等经营条件的变化,将导致旅游产品和目的地的相对竞争力下降,从而导致经营困难或退出市场。

---

① 风景"太累"也需休息,景点"轮休"让黄山更美丽[EB/OL]. 人民网,http://ah.people.com.cn/n2/2016/0417/c373106-28162268.html,2016-04-17.

（二）表现形式

经营条件的变化可来源于新的交通设施的建设、替代性产品或目的地的出现。在经营条件发生变化后，可能导致旅游地在一定程度上被屏蔽，旅游资源的潜在开发利用价值受到限制，已开发的旅游产品如高星级酒店、旅行社、景区、大型演艺产品等均因市场动力不足而面临关停。国内经营条件发生变化而导致旅游退出的案例包括海口因三亚旅游业和凤凰机场的发展而被边缘化、大理旅游业曾因丽江旅游业的快速发展而被"屏蔽"等。

（三）案例说明——海口市部分旅游产业与功能的退出

1. 案例地概况

海口是海南省的省会城市，位于海南省北部，紧邻琼州海峡，与广东雷州半岛相望，是海南省旅游的重要出入口岸，相对于省内其他城市，海口的人才优势、文化优势、社会经济优势比较明显。海口环境质量较好，第三产业发展基础条件良好，同时发展旅游较早，是国内首批优秀旅游城市。海口旅游资源类型丰富，包含一般的滨海旅游资源以及具有特色的火山口旅游资源、珍稀动植物资源、骑楼文化资源。雷琼海口火山群世界地质公园（见图4-5）和海南热带野生动植物园是4A级旅游景区，资源具有国家级地位。骑楼老街（见图4-6）作为保存完整的大规模骑楼建筑，更是南洋文化、侨乡文化的结晶[①]。

三亚位于海南省南端，是中国唯一位于热带的滨海旅游城市，拥有最好的滨海旅游资源，在凤凰机场及环岛公路、铁路体系不断完善的条件下，三亚的经营条件越来越好，进入快速发展阶段。在此背景下，海口旅游业的发展受到屏蔽，开始从旅游目的地城市沦为旅游过境地城

---

① 王丹鹤，龚慧，李昭. 海口市与三亚市的旅游集散能力对比研究［J］. 中国商论，2018（16）：154-156.

市。2005年，三亚的旅游收入超过海口；2010年，三亚的旅游接待量超过海口（见表4-2）。随着海南国际旅游岛的逐步发展，海口的旅游转型取得了一定成效，但某种程度上，周边城市交通的普遍发展导致海口的旅游过境地功能减弱。因为上述经营条件发生改变，海口旅游市场发生巨大变化，部分景区、旅行社、酒店、旅游演艺等产品不可避免地出现衰退现象。

图4-5　雷琼海口火山群世界地质公园

资料来源：海口旅游网，http：//www.haikoutour.gov.cn/qy/1/210.html。

图4-6　海口骑楼老街中山路

资料来源：海口旅游网，http：//www.haikoutour.gov.cn/qy/1/307.html。

表 4-2　2015~2016 海口与三亚旅游发展指标对比

年份	旅游指标对比
2005	三亚旅游收入迅速增长并超过海口，收入增长率均在历史最大值 30%
2007	三亚旅游接待量增长在历史最大值 18.4%
2008	三亚五星级酒店开始大量增多
2010	三亚旅游接待量超过海口，4A 级、5A 级景区具有明显优势
2011	三亚进入五星酒店建设高潮，收入是海口的 2 倍
2012	海口开始重点发展会展业；三亚游客增长为历史最小值 8%
2013	海口开始推动琼北旅游合作，旅游接待量增长率由 12.7% 下降到 9.6%；三亚游客增长率回升至 11%，丰富高端旅游产品使三亚收入增长率从 10% 达到 20%
2014	海口新一批旅游项目建成并投入运营，旅游接待量增长率稳定在 8%，4A 级景区增加至 3 个；三亚游客增长率稳定在 10%
2015	海口收入增长率由 18.2% 下降至 12.7%
2016	海口入境游客开始增长，旅游接待量和旅游收入增长率呈上升趋势，但均小于三亚

资料来源：海口政务网、三亚市统计局网站。

2. 旅游活动退出演变过程

第一，旅行社业、酒店业发展动力不足，陷入亏损或被淘汰境地。凤凰机场的建成和环岛高速东线的通车，使海口的区位、环境等经营条件的地位发生变化。由于海口和三亚具有相似的旅游资源和市场定位，而三亚的资源品质更高、宣传营销措施更优，旅游者开始倾向于选择三亚作为旅游目的地，而将海口作为旅游过境地。海口市旅游相关支柱产业如旅行社业和酒店业等则面临供过于求、产能过剩局面，产业内部竞争加剧。经统计，2008 年海口旅行社亏损数量为 52 家，占实际年检数的 57.14%[1]，大量旅行社采取削价竞争的方式，导致产业环境进一步恶化，大量本土旅行社经营入不敷出，被迫退出市场。星级酒店名录中，小型酒店面临经济型酒店的打压，除少数积极开拓高端市场的酒店外，

---

[1] 周慧敏. 海口：旅行社近六成亏损 [N]. 新华每日电讯，2009-05-14（6）.

大多关停或转手,名录上的酒店长期存在大幅变动的状况。与三亚相比,高星级酒店在海口的发展速度较为缓慢。海口旅游发展15年间,五星级酒店为7家,仅增加5家,而三亚五星级酒店数量有14家。不仅如此,五星级酒店在海口的发展也受到诸多限制,如海口威斯汀酒店开业拖了4年,至今仍未开业;拟建为五星级酒店的海口海景酒店至今仍是搁置烂尾状态;海口五星级酒店皇冠滨海温泉酒店则于2014年停业。

第二,旅游市场的流失转移导致海口旅游项目地拆除取缔。随着三亚旅游的热度提升,市场越来越关注三亚以及三亚周边旅游城市,造成海南旅游明显的南热北冷局面。旅行社大量减少琼北旅游产品供给,假日海滩、火山群世界地质公园、热带野生动植物园等海口的重要旅游吸引物只是为数不多的旅行社行程当中的一个点,海口旅游项目缺乏精细化开发和自然资源优势不足等缺点暴露出来,部分景区由于缺乏特色、盈利能力不强而被取缔。于2000年开业的海南热带海洋世界是中国第一个以热带和海洋为主题的大型主题公园,前期投资4亿元,拟继续投资8亿元,2005年由于经营不善而关门停业,2007年被取消A级资格并被拆除。

第三,海南国际旅游岛建设倒逼海口旅游转型升级,并导致部分旅游景区、设施的停业整修。国际旅游岛建设进一步优化了海南其他城市的经营条件,海口依托新一轮城市规划建设的大潮,对旅游设施进行标准化升级改造,其中涉及旅游景区的停业和部分老旧设施的拆除①。区政府、行业主管部门、试点企业设置了用于旅游标准化相关项目的专项经费,用于旅游集散广场、海口假日海滩、海南热带野生动植物园、火山群公园、骑楼小吃街、明光酒店、民间旅行社、南海假日旅行社等全市试点单位的培训、管理、设施更换、改造。海口骑楼老街进行修缮,以修旧如旧为原则,增强局部区域休闲功能,过程中不对外开放。海瑞墓、秀英炮台、南渡江大桥等知名文物古迹同样启动修缮状态,关门谢

---

① 祝勇.“标准化”助推海口旅游升级[N].海口晚报,2015-01-23(B10).

客，于2018年前后重新营业①。金牛岭动物园在经营过程中出现动物异常死亡和动物叫声扰民等情况，2018年停止营业并将动物妥善转移至野生动植物园。

第四，高投入演艺经营惨淡，人工岛综合工程面临烂尾。海口旅游发展态势向好，国际旅游岛建设也将三亚和海口同时作为中心城市。海口政府急于求成，希望通过单体项目迅速扭转旅游现状，过高的目标导致旅游项目定位不准，盲目和无序的旅游建设以失败告终。《印象·海南岛》作为印象系列作品之一，共投资1.8亿元②，在2009年4月开演后5年间，经营情况一直较为惨淡，上座率平均为30%。政府期待该演艺可以提高海口旅游的核心竞争力，填补海口文化旅游产品的空白，但该项目过分注重娱乐性，文化内涵不足，在海口旅游吸引力不足的背景下也迅速走向衰落③（见图4-7）。

图4-7　《印象·海南岛》剧场停业，面临拆除

资料来源：百家号，https：//baijiahao.baidu.com/s?id=1564536392963994&wfr=spider&for=pc。

---

① 海口骑楼老街修缮：尊重历史、原汁原味[EB/OL].凤凰网，http：//news.ifeng.com/a/20180625/58882719_0.shtml，2014-12-31.
② 周慧敏.一场台风吹走近2亿元的"印象"[N].新华每日电讯，2015-04-23（5）.
③ 邓卫哲.海口真的需要填海建百层七星级酒店吗？[N].中国青年报，2010-03-18（6）.

3. 旅游活动退出的原因

海口具有丰富的旅游资源和相对于省内其他城市的经济优势、人才优势，属于旅游发展较早、具有规模产业优势的城市，但于21世纪初被三亚迅速赶超，并且近年来差距仍没有明显缩小的趋势。受三亚旅游发展的屏蔽，海口的旅行社、酒店、景区、旅游演艺等旅游产业各方面均发生了不同程度的衰落。总结下来，海口旅游活动退出主要有以下几种原因：

第一，经营条件改变、忽略旅游市场需求是海口旅游退出的最主要因素。这一原因有两大表现：一是三亚抓住经营条件优化的机遇，通过营销提高自身的知名度，迅速建立品牌形象，并赶超海口旅游业。凤凰机场于1994年建成，环岛高速东线于1998年建成，而三亚旅游收入于2005年才赶超海口，三亚自建设以来，一直将旅游业作为支柱产业发展，推动构建多元旅游产品体系，打造旅游龙头产品如南山、蜈支洲岛等，交通条件改善后加强宣传经费投入，利用多种渠道迅速形成三亚海滨观光度假的品牌形象，此后旅游收入增长速度开始放缓。良好的旅游品牌形象加强了三亚的竞争能力，形成了对海口旅游的屏蔽效应。二是海口没有正视经营条件的变化，没有迅速根据市场需求做出相应的战略转变，而是与三亚进行同质化竞争。海口没有正视三亚的旅游潜力，仍将自身看作具有独占优势的省会城市，忽视市场需求，在2000年建设了缺乏当地特色的热带海洋公园，2008年打造了缺乏海南本土文化内涵的《印象·海南岛》。在三亚赶超期间，海口没有正视自身与三亚的旅游资源差距，在旅游开发上没有立足自身优质资源、深度挖掘自身特色，仍然长期以小、散、弱的旅游产品与旅游发展越来越强的三亚进行同质化竞争。

第二，海口整体旅游规划的缺失导致旅游发展定位不明确。海口旅游部门缺乏对于旅游市场和旅游产业的刚性管理条例，对于顶层设计的观念意识较为淡薄，导致长期以来对于旅游的无序化建设。海口旅游的模糊定位，不仅导致了旅游产品的非体系化和旅游龙头的转移，还导致了诸多盲目的旅游投资。

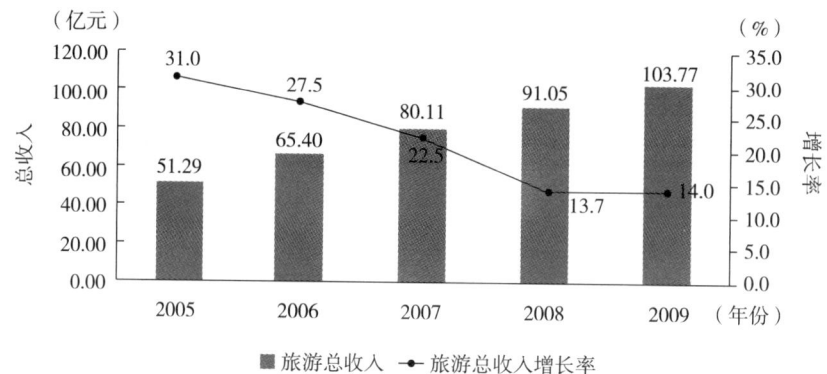

图 4-8　2005~2009 年三亚旅游总收入及增长率

资料来源：三亚市统计局网站。

第三，海口旅游宣传不足和恶性竞争消损旅游形象。长期以来，海口对于旅游宣传和营销的投入较少，只有每年举行的部分节事活动如海南欢乐节、旅游商品展销会等影响力较小的活动，区域影响力较小，市场吸引力不够。由于海口旅游接待设施供过于求，经营环境混乱，为了拉拢日益减少的客源，旅行社采取"零负团费"、酒店采用低价竞争等违法、违规经营方式吸引客源，导致服务水平下降，海口旅游形象和口碑被大大损害。

4. 海口应对旅游活动退出的经验借鉴

旅游衰退后，海口对旅游非盈利项目进行限制和取缔，将重心放在旅游市场标准化和规范化建设上。海口在旅游退出的同时，吸取了规划不足的经验教训，增加了城市规划研究投入，依托城市的优势产业，注重开发差异化旅游产品，挖掘特色旅游资源，摒弃海滨度假旅游目的地的错误定位，转为依托自身优势、立足本土文化，发展商贸会展旅游，打造较为合理的旅游产品体系。此外，海口联合周边城市打造琼北旅游圈，加强区域旅游竞争力。

在应对旅游退出的转型升级过程中，海口实践的主要经验有：

第一，避免同质竞争，积极调整旅游产品体系。海口滨海旅游资源品级同三亚有很大差距，所以从 2012 年开始，海口重点发展会展旅游。

根据会展需求，设计高端旅游产品，避免与三亚的同质竞争。2014年，海口新建成一批龙头旅游项目如红树林乡村旅游区、观澜湖风情小镇、冯小刚电影公社等，深度挖掘特色文化资源如火山资源、骑楼文化、忠烈文化，同步发展高端产业如游艇、高尔夫、邮轮等，丰富旅游产品体系。

表4-3 海口与三亚旅游资源对比

类型	海口	三亚
5A景区	—	南山、大小洞天、蜈支洲岛、分界洲岛、槟榔谷、呀诺达
4A景区	雷琼海口火山群世界地质公园、海南热带野生动植物园新区、假日海滩	亚龙湾、天涯海角、亚龙湾森林公园、南田温泉、大东海、西岛、亚龙湾蝴蝶谷、南湾猴岛
3A景区	海口观澜湖国际旅游度假区、白沙门公园、骑楼小吃街、五公祠、琼州文化风情街	鹿回头公园、亚龙湾玫瑰谷、海螺姑娘文化园、椰田古寨、兰花世界、凤凰岭
2A景区	海瑞墓、万绿园、海口骑楼建筑历史文化街区	三亚美天涯热带海洋世界、海南京润珍珠博物馆

资料来源：海口旅游网、三亚旅游网。

第二，加强规范建设，完善旅游基础配套设施。海口以往的旅游产品缺乏吸引力和特色，旅游设施不完善，旅游服务有待提高。在旅游标准化建设上，海口做出努力[①]，通过对旅游饭店、旅游景区、旅行社、旅游购物场所、旅游餐饮企业、旅游标识系统等的升级改造，提升旅游产业总体素质和竞争力。

第三，推动周边协调发展，提高区域旅游竞争力。自2012年开始，海口与文昌、琼海、儋州、定安、澄迈、临高、屯昌7市县联动发展，打造琼北旅游圈，以应对来自大三亚旅游圈的竞争压力。通过对琼北的旅游产品进行捆绑打包，弱化了海口旅游产品小、散、弱的劣势，同时促进了整个琼北旅游的发展。

---

① 祝勇．"标准化"助推海口旅游升级［N］．海口晚报，2015-01-23（B10）．

四 经营失败导致旅游活动退出

（一）基本概念

经营失败退出，是指旅游开发经营者由于市场、竞争环境、发展环境等发生变化或者自身经营能力不足等问题经营失败，被迫停止旅游项目的经营。

（二）表现形式

经营失败导致的退出是较为多见的一类现象，在主题公园和酒店等领域案例很多：曾经投入巨大的海口《印象·海南岛》和三亚《海棠秀》项目因经营效益等问题均于2014年7月左右关闭；20世纪80年代末在中国兴起的以"西游记宫"为代表的一大批主题公园或人造景观公园，后来绝大部分均被市场淘汰；2013年"中央八项规定"的出台，直接引发以高星级酒店、会所等为代表的高消费设施的关闭、转型潮和"弃星"潮。市场的变化引发供给的进与退，是经济活动的基本规律。

（三）案例说明——西游记宫主题公园旅游退出的机制与表现

1. 案例地概况

河北正定西游记宫建造于20世纪80年代，位于大佛寺东邻的野城，以其独特的巴比伦空中花园式建筑布局，利用现代高科技手段，荟萃了古今中外的历史典故、神话传说、名胜古迹等，以独具匠心的艺术手法形象逼真地展现在游人面前。经过精心策划,每处场景惊险刺激,每个造型神工鬼斧、惟妙惟肖。玉门夕照、荒谷野坡、敦煌佛影、楼兰奇观集野景、野情为一体;冰川野人、猛兽怒吼、土匪纵横、贼船历险、罗马斗兽融野趣、野味为一身;伊甸园亚当夏娃偷吃禁果、荒山野洞四十大盗时常出没、阿里巴巴终获巨宝等二十多个景观,处处充满野风、野趣、野情,构成了野城独具特色的艺术风格。寓国防教育于娱乐之中的军事游乐园,是结合开展国防教育为中心的大型游乐场所,有兵器展览馆、激光射击场、实弹射击场、狩猎场和古城观景台等,游客在参观娱乐中可受到国防意识的教育[①]。

图 4-9　正定西游记宫正门

资料来源:携程网,https://piao.ctrip.com/ticket/dest/t1512591.html。

作为国内知名的"西游"主题观赏性园区,正定西游记宫成为许多人儿时的回忆。随着市场与时代的发展,正定西游记宫逐渐衰落,继被乒乓球基地合并后,于 2017 年被拆除、还地于民,现已被便民设施所取代。

---

① 西游记宫 [DB/OL]. 百度百科, https://baike.baidu.com/item/西游记宫/9166020? fr=aladdin.

2. 旅游活动退出演变过程

改革开放初期,娱乐活动相对缺乏,低成本、收益快的人造微缩景观开始出现。《西游记》《红楼梦》等影视剧的成功,使西游记宫、红楼梦大观园等主题的人造微缩景观颇为流行。

图 4-10　西游记宫内部

资料来源:携程网,https://piao.ctrip.com/ticket/dest/t1512591.html。

1984 建造的河北正定西游记宫是全国第一个人造主题乐园,是影视与技术的结合,其操作模式是由农民集资,以道具加布景的方式将影视剧里的场景还原到公众游客眼前。西游记宫项目投资 150 万元,取得了轰动效应,开业三个月后便收回了所有投资。

在此之后,全国掀起了百宫大战,最多的时候兴建了 400 多个西游记宫,从 1987 年至 1992 年拟建和已建的近百处人造景观中,以《西游记》为蓝本开发的共计 23 处,其中便有淄川西游记宫。

20 世纪八九十年代,淄川村提出了打造"鲁中商城"的发展目标。为了帮助各村村干部开拓思路,镇党委组织各村支部书记、村主任到大连考察学习。当地的西游记宫引起了淄川村村委的浓厚兴趣,在了解了西游记宫的建设周期、资金投入、客流量等情况后,淄川村村委合计能否在淄川的留仙湖畔建一座西游记宫。这个想法遭到了质疑，投资这样一个旅游项目需要 700 万元。然而，当时淄川村每年纯收入只有 100 万元，存在着巨大风险。

1991 年年初，镇上的领导又带着村委会成员去大连考察；在得到区、镇两级政府的支持后，为了统一大家的思想，淄川村村委会又于当年 3 月组织部分村干部和村民代表到北京、河北正定等地考察，最终决定要抓紧时间建造淄川西游记宫。

当时淄川村村民都到工地义务劳动，从 1991 年 5 月 17 日破土动工，到 8 月 30 日完工，只用了 103 天。虽然是从大连西游记宫学来的，但淄川西游记宫建设更好，是当时国内景点最多、设备最先进的西游记宫。1991 年 9 月 1 日，淄川西游记宫举行了隆重的开业典礼，开业当天接待游客 5000 多人，门票收入 3.8 万元。开业后的最初几年，淄川西游记宫生意一直很好，开业第二年年底就收回了成本。1992 年 3 月 8 日，西游记宫曾创造了单日门票销售额 14.7 万元的纪录。西游记宫成了当时淄川区投资见效最快、效益最好的旅游项目。

然而，从 2003 年开始，西游记宫的客流量明显下降，每年毛收入一度降到只有四五十万元。此后，村政府干脆把西游记宫承包了出去，可是经营状况并没有得以改善。2017 年 10 月，淄川西游记宫迎接完最后一批客人后，便结束了自己的使命。

作为淄川区乃至淄博市第一代旅游产品的标志性项目，西游记宫的关门标志着第一代旅游产品的彻底没落。红极一时的正定西游记宫也在开业的 20 年时间里逐渐走向衰落，于近乎十年前停止经营并被乒乓球训练基地合并，直至 2017 年 3 月，政府下令拆除，改建为便民设施，还地于民。投资少、收益快的特点使此类主题乐园取得最初的成功，但由于粗放经营、低端简陋的机械游乐设施和激烈的市场竞争，衰落与闭业关门成了它们的命运。

3. 旅游活动退出的原因

西游记宫之所以衰败，最重要的原因就是失去了强大的市场吸引力,这是最直观的问题,直接原因与根本原因相互作用,深究根源,问题还是出在西游记宫本身。

第一,收入结构单一化。我国大多景观景点甚至主题乐园都存在仅靠门票收入维持运营的问题,门票收入占据整体收入的80%以上,综合收益低。西游记宫更是不可避免地存在这一致命问题。

旅游者的消费是综合一体的,除了门票,酒店、购物中心、纪念品门店等设施都存在着巨大的市场需求,并且牵动着景区园区的发展。20世纪90年代,中国旅游业正处于萌芽发展时期,政府企业均处于旅游园区的摸索与尝试之中,门票收入无疑成为园区最直接有效的盈利方式。西游记宫重在还原影视剧场景,重在为游客提供体验式园区,而忽略了周边设施的建设与规划,运营手段单一、旅游产品单一,导致了西游记宫依靠单一的门票盈利,长此以往,园区僵化,游客热度降低,市场流量渐渐流失,西游记宫便失去了以往的热闹。

第二,内容跟风化。初期建造的西游记宫,以影视基地融合旅游收益共同发展,成为当时一个新兴的旅游吸引物,取得了很好的收益。但随后低层次、无创新的抄袭泛滥引发了"西游记宫热",相同主题的照搬导致市场认可度低,难以形成规模性的经济效益,同时还导致了市场的饱和,使其失去吸引力与特色。

反观迪斯尼主题乐园,从乐园主题内容来看,现有5个迪士尼乐园依据各自所在城市风格赋予了不同的乐园特色与运营模式,并因此而传播出了完全不一样的乐园口碑,其大同小异中的"异"吸引了世界上无数游客愿意前往5个迪斯尼乐园进行游玩消费,游客重游率高。

第三,客源本地化。作为一个小规模的人造景区,西游记宫大多依靠农民、村乡政府建造,选建地点大多位于乡镇区域。园区规模小、市场规模更小,还存在着周边交通建设不发达等问题,园区辐射范围非常局限,客源大多为乡镇本地居民以及周边地区游客。

4. 西游记宫旅游活动退出的影响与经验借鉴

西游记宫逐步退出舞台,除了自身经济上的亏损,对于周边村镇

第四章 旅游活动退出的模式

的建设也带来了损伤，为相关产业及城镇化建设带去的红利也随之消失。

针对西游记宫这一因经营失败所导致的旅游退出项目不难发现，首先，与时俱进、创新或独具特色应该成为旅游活动的统一基调，雷同反复的旅游活动即使存在盈利的时候，从长远来看却难以为继；其次，打造完整的产业链，增加园区景点的盈利收入模式，可为旅游活动提供更多更大的盈利空间和市场规模，不断调整、规划盈利模式才能成功转型、获得出路。

为不重蹈覆辙，总结出以下应对策略：

第一，切勿复制，因地制宜。打造主题乐园最忌盲目复制成功经验，要因地制宜，找准地方特色定位，以资源为基础，提升主题乐园的差异化竞争优势，避免同质化的恶性竞争，地区间还应相互合作互补。同时，主题乐园定位需更加细致化，以便游客可以根据自己的喜好、收入水平以及便利程度等因素对不同地区的乐园做出选择。

第二，挖掘内涵，持续更新。主题是主题乐园的灵魂，创新则是主题乐园的生命。要在竞争日趋激烈的主题乐园乃至整个旅游市场中站稳脚跟，关键是要确立、挖掘和营造好主题乐园的文化内涵。在各类主题乐园中，刺激的游乐园注重的是感官体验文化，以影视剧、卡通漫画等场景模拟的主题乐园强调的是 IP 文化，以民俗村为主题的乐园展示的是传统文化。主题文化虽不同，但绝不能是肤浅粗俗的噱头，而是要深耕、浸润其中。通过赋予主题乐园深刻而丰富的文化内涵，有效传递核心价值和品牌，形成游客对主题乐园的品牌忠诚。

第三，拓宽盈利渠道。国内主题乐园最大的不足就是盈利渠道单一：国外主题乐园门票、购物和其他消费三部分的比例基本是 3∶3∶4，其收入 80% 以上依靠门票，每平方米收入仅为迪斯尼乐园的 1/80，产业链所衍生出的餐饮、商业、酒店以及其他消费领域的内容才是主题乐园的价值所在。从对主题乐园产业链的横向和纵向的挖掘来看，可以从以下三方面进行拓展：一是游乐产品，即提供有助于丰富体验（经历）的游憩服务以及相应的服务体验；二是综合服务，即在主题乐园区域内提供餐饮、住宿、购物等相关外延服务；三是对外服务，即通过自身的节庆活动对外招商。

西游记宫由红极一时到衰落冷清，唤起了无数人对儿时童年的美好回忆，同时也引起了人们对其倒闭拆除的唏嘘与遗憾，其经营模式确实值得大家反思与改进。改革开放的脚步已经走过了四十个春秋，西游记宫也已完成了自己的使命，开创出独具中国特色的景区乐园。我们有理由相信，中国旅游业发展至今，已经积累了相关的经验与道路摸索，继而不断推陈出新，旅游活动的经营状况定将如人所愿。

旅游资源破坏导致旅游退出

（一）基本概念

旅游资源是旅游活动得以展开的载体，是旅游业发展的重要凭借，也是旅游活动得以顺利进行的基本要素之一①。旅游资源损毁与环境破坏将导致旅游产品和目的地丧失赖以发展的基础，旅游活动从而被迫退出。

（二）表现形式

旅游资源破坏不仅包括自然景观，也包括文化遗产，还包括旅游活动开展的环境等的破坏。国内外重大资源损毁和环境破坏案例包括武当山和香格里拉老城区火灾、九寨沟景观地震受损、日本东北部海岸地区核污染等。

---

① 李庆雷，赵红梅. 旅游资源的可拓性及其认识论意义 [J]. 人文地理，2012，27（3）：125-130.

（三）案例说明——九寨沟旅游退出的机制与表现

1. 案例地概况

九寨沟（见图4-11、图4-12）位于四川省西北部阿坝藏族羌族自治州九寨沟县漳扎镇境内，总面积643平方千米，是世界自然遗产、国家重点风景名胜区、国家5A级旅游景区、国家级自然保护区、国家地质公园、世界生物圈保护区网络，也是中国第一个以保护自然风景为主要目的的自然保护区。九寨沟的动植物资源丰富，具有极高的生态保护、科学研究和美学旅游价值，被世人誉为"童话世界"，号称"水景之王"[1]。1984年，九寨沟风景区管理局成立，九寨沟正式对外开放。开放之初，由于旅游基础设施不完善，每年的客流量仅有几万人。后来凭借其绝美的景色、富有成效的管理和不断改善的交通方式，九寨沟的旅游业取得迅猛发展，旅游人次从1981年的0.2万增至2007年的251.3万，增长了1255倍，门票收入也从1981年的13.5万元增长至2007年的4.5亿元，增长了3333倍[2]。

图4-11 九寨沟宣传照《树正瀑布——白练穿彩过》

资料来源：阿坝旅游网，https://www.jiuzhai.com/tourism-product/photography。

---

[1] 资料来源：九寨沟景区官方网站，https://www.jiuzhai.com。
[2] 邓贵平，覃建雄，颜磊．旅游发展对九寨沟自然保护区景观格局变化的影响［J］．长江流域资源与环境，2011，20（5）：579-584．

图 4-12　九寨沟宣传照《秋意长海》

资料来源：阿坝旅游网，https://www.jiuzhai.com/tourism-product/photography。

2. 旅游活动退出演变过程

第一，关闭景区内宾馆饭店，实行"沟内游，沟外住"。自 1984 年九寨沟正式对外开放以后，九寨沟景区游客数量逐渐增长。1990 年左右，游客数量成倍增加，为满足游客住宿需求，居民在九寨沟内修建了大量的客栈宾馆。不讲规划的房屋大批出现，废弃的建筑材料随意堆置，土质和植被、动物等自然资源被破坏。宾馆饭店四周污水横流，垃圾丛生。对此，自 2001 年 5 月 1 日起，九寨沟管理局采取了针对措施：关闭九寨沟景区内的所有宾馆饭店，所有游客一律实行"沟内游，沟外住"。同时，九寨沟管理局将门票收入的一部分提供给本地居民，并安排本地人在景区内就业。此种措施初见成效，村民自觉退耕还草还林，保护区的森林覆盖率恢复到 63.5%[①]。

第二，封闭大量原始森林，限制游客数量与活动区域。从 2001 年 7 月 1 日起，九寨沟管理局实行"限量旅游"，限制每天进沟的人数。所有旅行社都必须在网上预订，给沟内减压。同时，为了避免游客对保护林区的踩踏，管理局又修建"人"形栈道，封闭大量的原始森林，隔离游人和景区的直接接触，并用铁丝网圈出一定区域，让游客在限定范围

---

① 九寨沟 20 年的变迁 [EB/OL]. 新浪财经，http://finance.sina.com.cn/roll/20060512/1159688198.shtml，2006-05-12.

第四章 旅游活动退出的模式

内直接接触自然。

第三,"总量控制、网络预售、分时售票、分时进沟"。为给游客营造一个高品质的舒适旅游环境,九寨沟景区在日最佳承载量为2.3万人次、日最大承载量为4.1万人次的基础上,从2014年"春节"黄金周开始严格实行"总量控制、网络预售、分时售票、分时进沟"的管理办法。以2014年中秋节、十月黄金周旅游高峰为例,当天售票达到4.1万张时,景区将不再出售当日门票。同时,在暑期旅游高峰时段,对当日旅行社网络订票控制在1.4万人次①。

表4-4 九寨沟景区2014年中秋节、十月黄金周高峰各时段门票分配情况

时段	各时段门票分配情况
7:00-8:00时段进沟	网上销售分时门票5000张,现场销售分时门票3000张
8:00-9:00时段进沟	网上销售分时门票5000张,现场销售分时门票3000张
9:00-10:00时段进沟	网上销售分时门票3000张,现场销售分时门票5000张
10:00-11:00时段进沟	网上销售分时门票1000张,现场销售分时门票7000张
11:00以后进沟	售票将按照当日游客实际进景区情况进行调整

注:极端天气最大承载量为3.5万人次/天,当日现场售票按以上各时段方案减少1000张

资料来源:阿坝旅游网。

第四,地震后景区立即长时间关闭,重新开放后,按照"限区域、限流量、限时段、限方式"的原则接待游客。2017年8月8日21时19分,九寨沟县境内发生7.0级地震,九寨沟景区接待条件受到严重影响。九寨沟管理局立刻全力开展景区抢险救援、游客疏导工作。为保证游客游览安全,九寨沟景区从8月9日起停止接待游客,同时阿坝旅游网暂停预售九寨沟门车票②。

---

① 资料来源:根据阿坝旅游网整理,http://www.abatour.com。
② 公告[EB/OL]. 阿坝旅游网,http://www.abatour.com/news/notice/20170809090828643.html,2017-08-09.

经过近7个月的景区关闭，九寨沟灾后恢复重建工作有序推进，在九寨沟景区内部分区域已具备重新对外开放的条件下，九寨沟按照"限区域、限流量、限时段、限方式"的原则，于2018年3月8日对外开放部分景观。具体为①：①景区实行分区域开放。开放区域为沟口经诺日朗瀑布至长海，扎如沟的扎如寺及日则沟的镜海，且其中多为步行游览区。②景区实行分时段开放，即每日8：00至17：00对外开放。游客乘坐观光车游览，实行"原车原回"运行模式，即游客在游览完一处景点后乘坐原车前往下一处景点游览，直至游览结束。③景区实行流量控制，日接待量严格控制在2000人以内。接待对象为旅行社组织的团队游客，且旅行社必须为游客购买意外保险；暂不接待散客。④景区门、车票实行全网实名预约购买制。

第五，实行旅游宾馆饭店旺季开业报告制度，筛选部分宾馆饭店进行开业。2008年11月21日四川省第十一届人民代表大会常务委员会公布的《阿坝藏族羌族自治州实施〈四川省旅游条例〉的变通规定》和2016年11月25日九寨沟县人民政府办公室发布的《九寨沟县关于进一步强化涉旅经营主体依法办证和实施年度开业报告制相关工作的通知》（九寨沟府办发〔2016〕46号）（以下简称《规定》和《通知》）都规定依法经营的涉旅经营主体严格执行年度开业报告制度。

2018年，根据上述《规定》和《通知》的相关规定，相关部门对县域内自愿提出开业申请的宾馆饭店和藏家乐进行了开业检查。2018年4月25日，九寨沟官网——阿坝旅游网发布了《九寨沟县2018年准予开业的宾馆饭店和藏家乐名单》，表4-5和表4-6是该网公布的符合开业条件、准予开业的宾馆饭店和藏家乐名单②。

---

① 关于九寨沟风景名胜区部分景观对外开放的公告资料来源［EB/OL］. 阿坝旅游网，http：//www.abatour.com/news/notice/20180301150558440.html，2018-03-01.

② 九寨沟县2018年准予开业的宾馆饭店和藏家乐名单［EB/OL］. 阿坝旅游网，http：//www.abatour.com/news/notice/20180308185618386.html，2018-04-25.

第四章 旅游活动退出的模式

表 4-5　九寨沟县 2018 年准予开业的宾馆饭店名单

名称	等级	地点	名称	等级	地点
天源豪生度假酒店	五星级	漳扎镇	福鑫宾馆	非星级三等级	漳扎镇
星宇国际大酒店	四星级	漳扎镇	龙元山庄客栈	非星等级待评	漳扎镇
名雅大酒店	非星四等级	漳扎镇	雲鼎假日客栈	非星等级待评	漳扎镇
华龙宾馆	非星三等级	漳扎镇	格桑云朵客栈	非星等级待评	漳扎镇
金城度假酒店	非星等级待评	漳扎镇	阿玛啦客栈	非星等级待评	漳扎镇
黄浦大酒店	非星四等级	县城新城区	嘉和假日酒店	非星级二等级	漳扎镇
九力大厦酒店	非星四等级	县城新城区	龙腾主题酒店	非星级二等级	漳扎镇
万家豪酒店	非星四等级	县城老城区	润都温泉酒店	非星级三等级	漳扎镇
鄌湾度假酒店	非星级三等级	漳扎镇	千鹤国际大酒店	四星级	漳扎镇
仙池度假酒店	非星级二等级	漳扎镇	九峰宾馆	非星级三等级	漳扎镇
九寨记忆温泉酒店	非星等级待评	漳扎镇	山居酒店	非星级三等级	漳扎镇
棠中大酒店	非星级三等级	漳扎镇	圣洁阿吾仓	非星等级待评	漳扎镇
雪山博恩酒店	非星等级待评	漳扎镇	藏雅客栈	非星等级待评	漳扎镇
电力酒店	非星级二等级	漳扎镇	腾跃酒店	非星等级待评	漳扎镇
瑞达酒店	非星级二等级	漳扎镇	军婷客栈	非星等级待评	漳扎镇
西姆酒店	非星级三等级	漳扎镇	九兴熊猫大酒店	非星等级待评	漳扎镇
山泉度假酒店	非星等级待评	漳扎镇	我行我宿客栈	非星等级待评	漳扎镇
途胜山庄	非星等级待评	漳扎镇	藏韵楼客栈	非星等级待评	漳扎镇
九江豪庭大酒店	非星级二等级	漳扎镇	亚朵轻居酒店	非星级二等级	漳扎镇
拉姆拉措温泉酒店	非星等级待评	漳扎镇	家园客栈	非星等级待评	漳扎镇

资料来源：阿坝旅游网。

表 4-6　九寨沟县 2018 年准许开业的藏家乐名单

名称	等级	地点
雪域卓玛藏家乐	四星级	漳扎镇龙康村
西部卓玛藏家	三星级	漳扎镇丛牙村
吉祥锅庄藏家	星级待评	漳扎镇郎寨村

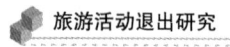

续表

名称	等级	地点
阿嘎庄园藏家乐	三星级	漳扎镇漳扎村
圣地藏家	三星级	漳扎镇龙康村
香格里拉藏家乐	四星级	漳扎镇漳扎村
丹巴牧羊人藏家	星级待评	漳扎镇漳扎村

资料来源：阿坝旅游网。

第六，强降雨天气造成景区暴发严重山洪泥石流灾害，景区临时性关闭。2018年6月，九寨沟县辖区内出现持续强降雨天气，6月25日夜晚，九寨沟景区暴发严重山洪泥石流灾害。气象部门预测降雨天气将继续持续，气象部门发布四级气象风险预警，国土部门发布二级地质灾害风险预警，景区安全风险大。为确保广大游客朋友的生命财产安全，九寨沟景区从2018年7月1日起采取临时性闭园措施，暂停接待游客①。

3. 旅游活动退出的原因

从不为世人所知，到以牺牲生态环境为代价促进旅游快速发展，再到如今以生态保护为第一要务，以旅游安全为景区接待的基本准则，对游客在数量、时间、范围和活动上进行限制，九寨沟景区旅游活动退出主要有以下几种原因：

第一，景区旅游资源的破坏是旅游活动退出的最主要因素。这一原因有两大表现：一是旅游资源的破坏激发景区管理部门的保护意识，不得不出台措施限制旅游。在景区发展早期，游客对林区土地的践踏、旅游经营对自然资源的过度消耗、旅游活动对动植物的负面影响等促使景区不得不正视旅游发展带来的生态环境破坏。在此种背景下，景区出台了包括拆除沟内住宿接待设施、限制游客数量、封闭原始森林、限制游

---

① 关于九寨沟景区临时性闭园的通告 [EB/OL]. 阿坝旅游网，http：//www.abatour.com/news/notice/20180628221742491.html，2018-06-28.

客活动范围等一系列旅游活动退出措施。二是地震灾害、强暴雨对景区资源的破坏使景区的接待能力下降。这一表现最明显的标志就是"九寨沟8·8地震"前（8月4~6日）每天的接待量是2万人次以上，此次地震后，景区立刻长时间关闭（7个月左右），再次开放时，景区的接待量严格控制在每天2000人次，地震对旅游资源和旅游接待设施的破坏使景区的接待能力降低10倍以上。

第二，国家有关规定促进了九寨沟景区的旅游活动退出。旅游法规定，需对景区核定最大承载量，并不能超过核定的景区承载量。在此种背景下，2013年开始，九寨沟重新制定最大承载力，并在旅游旺季对团队订票、游客进沟时间和方式进行限制。

第三，改善旅游经营的不规范，维护景区优良旅游形象，是旅游活动退出的又一因素。九寨沟县有关部门对县内涉旅企业实行年度开业报告制度，择取符合标准的涉旅企业开业，限制违规旅游企业，不仅是要改善旅游经营的不规范，同时更多的是出于维护景区的旅游形象。

第四，景区旅游安全是景区旅游活动的生命线。九寨沟地震、强暴雨后立即关闭景区，为预防火灾关闭景区部分栈道，以及栈道存在安全隐患时禁止游客使用，都体现出景区将旅游安全放在首位，以旅游活动退出为措施应对存在的安全隐患。

4. 九寨沟旅游活动退出的影响与经验借鉴

通过对旅游活动进行限制，九寨沟景区生态环境得以良好的恢复，并能够使之保持持久的市场吸引力和竞争力。通过限流、分时、分段、分区域对外开放景区，不仅减少了资源环境的接待压力，也利于资源的自我恢复，保留了资源的生态保护和科学研究价值；同时也提高了景区的经营管理水平，维护了景区的旅游形象，提升了游客的旅游体验，延续了资源的美学旅游价值。在旅游活动退出的过程中，九寨沟景区的实践经验主要有以下几点：

第一，注重生态保护，规划统领建设。九寨沟先后制订修编了包括

《九寨沟风景名胜区总体规划》《"8·8"九寨沟地震灾后恢复重建总体规划》等在内多项规划，这些规划不仅明确了九寨沟景区的建设区域和功能分区，也注重和强调对生态保护和修复。在建设过程中，依照规划要求，特别关注设施对环境的影响，尽力降低旅游的负面影响。

第二，"保景福民"，带动居民参与生态保护和旅游发展。旅游活动退出措施会影响社区居民的利益，对此，九寨沟提取门票收入用于社区的基本生活保障，同时也大量吸收本地居民参与旅游就业。此种方式不仅协调了居民利益，也激发了居民保护生态的自觉性，共享优质生态环境所带来的旅游发展效益。

第三，科研支撑，增强管理的理论科学依据。在科研内容方面，不仅与高校、科研机构、有关专家加强交流合作，同时编制了《九寨沟生态本底调查（2002~2003）》《九寨沟游客时空分流导航管理（2011）》《九寨沟可持续发展景区战略管理（2011）》等科研项目①。为资源保护和旅游活动退出的实施提供了理论基础和科学依据。

六

资源保护与旅游活动退出

（一）基本概念

旅游资源是旅游业赖以发展的前提，是一个国家或地区发展旅游业的重要基础，旅游资源主要包括自然风景旅游资源和人文景观旅游资源。但是过度开发和消耗性利用所形成的弊端，对生态环境及历史文化造成了破坏。考虑到资源的保护利用与景区可持续发展，旅游活动从而被迫退出。

---

① 庄优波，徐荣林，杨锐，许晓青. 九寨沟世界遗产地旅游可持续发展实践和讨论［J］. 风景园林，2012（1）：78-81.

（二）表现形式

近年来，在旅游业发展中"重利益、轻保护"的开发现象比比皆是，人们为了追求更高的商业价值而忽视了对旅游资源的保护。例如，敦煌莫高窟由于旅游活动过多导致洞窟内壁画被损毁、环境恶化；青海湖由于人为活动引起草场退化、土地沙化以及生物多样性遭到破坏等。

（三）案例说明——布达拉宫旅游退出的机制与表现

1. 案例地概况

布达拉宫坐落于中国西藏自治区的首府拉萨市区西北玛布日山上，海拔3700米，占地总面积36万平方米，建筑总面积13万平方米，集宫殿、城堡和寺院于一体，是世界上海拔最高的城市广场，也是西藏最庞大、最完整的古代宫堡建筑群。1961年3月，国务院将其列为首批全国重点文物保护单位；1994年12月，联合国教科文组织将其列为世界文化遗产；2013年1月，国家旅游局又将其列为国家5A级旅游景区①。

1988年1月布达拉宫管理处成立，开始正式管理布达拉宫。每年到此的朝圣者及旅游观光客不计其数，每年门票收入达到千万元以上，为日常管理和保护工作提供了较为充足的资金。近年来，布达拉宫旅游人数呈上升趋势，每年接待旅游者和朝圣者50多万人次，日均1500人次左右，而且每年还在以30%的速度增长②。

---

① 布达拉宫［EB/OL］. 百度百科, https://baike.baidu.com/item/布达拉宫/113399.
② 胡海燕. 布达拉宫世界文化遗产管理的现状、问题及对策［J］. 西藏研究, 2006（4）：74—81.

图 4-13　布达拉宫宣传照

资料来源：布达拉宫官方网站，http://www.potalapalace.cn/home.html。

图 4-14　布达拉宫之春宣传照

资料来源：布达拉宫官方网站，http://www.potalapalace.cn/home.html。

2. 旅游活动退出演变过程

第一，分流、分时段控制游客数量。青藏铁路和林芝机场的开通运营，为西藏支柱产业之一的旅游业提供了客源支持，使进藏游客数量激增。资料显示，自1996年以来，西藏文博单位接待旅游者和朝圣者人数从不足年100万人次，到2001年超过了100万人次，游客数量呈上升趋势。2017年接待游客达到145.6万人次，接待量创历史新高。但是，考虑到旅游活动会对这座土木结构的世界级文化保护遗产的寿命带来影响，从2003年5月起，布达拉宫开始实施限制旅游人数的措施，始终控制每天2300人进入布达拉宫内部参观。因此，在保障游客安全的同时也最大限度地满足游客参观需求的前提下，布达拉宫管理处实施了门票预定制方案，通过管理控制做到分散景区人流、延长景区开放时间、限定导游讲解时长、加大门票查验力度等多项措施。这样做使游客能够有序、分散地进行游览参观，既保护了建筑主体结构，又提升了旅游服务质量。

表4-7 布达拉宫年度旅游人数汇总

年份	外宾	内宾	团体人数	总人数
1996	5904	45381	6817	58102
1997	9523	25180	4985	39688
1998	18338	19059	3742	41139
1999	27710	29192	5457	62359
2000	37540	45971	5886	89397
2001	31735	84008	1200	116943
2002	30570	125257	0	155827
2003	13158	138015	0	151173

资料来源：胡海燕. 布达拉宫世界文化遗产管理的现状、问题及对策 [J]. 西藏研究，2006（4）：74-81.

第二，提高门票价格，鼓励淡季消费。旅游活动的增加，对于木质结构断裂、墙体下沉或松动等状况构成了严重的威胁。考虑到对于建筑及历史文物的保护，布达拉宫实行了夏季和冬季票价浮动制策略，景区旺季门票全价为 200 元/张，淡季门票全价为 100 元/张，通过涨价限制过多的旺季旅游活动，运用跌价鼓励淡季消费。利用价格杠杆来调节游客淡旺季流量，实现景点旺季平稳、淡季不淡的旅游格局，从而减轻景区游客过度集中消费的状况，减轻建筑的承受压力。

第三，永久关闭布达拉宫宫殿之巅，保护建筑价值。布达拉宫的顶部被称作金顶群，大部分由黄金打造，是世界建筑海洋中的奇观，在藏传佛教界具有崇高的地位。面对这样的无价之宝，曾有当地人经不住诱惑，爬到金顶群上去刮金子。由于出现了这样的恶劣事件，出于对金顶的保护，在 2006 年，西藏文物局决定布达拉宫宫殿之巅的金顶群不对游人开放，永久关闭金顶群。这一举措在保障游客及当地人安全的同时，也使布达拉宫的历史文化价值得到了留存与保护。

3. 旅游活动退出的原因

从开始对外开放，到以遗产保护为重点，如今布达拉宫的文化遗产受到了布达拉宫管理处、自治区政府及中央政府的高度重视，通过控制游客容量、限制游客行为及旅游活动等措施，在遗产保护方面取得了良好的成效。布达拉宫景区旅游活动退出主要有以下几种原因：

第一，旅游资源的保护与可持续性发展是促进旅游活动退出的首要因素。布达拉宫是我国颁布的第一批国家文物保护单位，自 1994 年被列入《世界自然文化遗产名录》后，景区管理机构及政府部门更加注重对于景区旅游资源的保护。限制参观人数、严格的安检等措施都是为了保护并延长布达拉宫的使用年限并保证其不受破坏，做到了从根源上控制游客流量，减少旅游活动对建筑的影响。

第二，世界遗产价值的重要性及文化传承也影响了旅游活动的退出。市场经济目前正逐步将资源卷入市场体系中，文化遗产的价值和作用发生了变化[1]，文化遗产管理的目标由单一性转为多重性，市场更加

---

[1] 罗佳明. 中国世界遗产管理体系研究 [M]. 上海：复旦大学出版社，2004：50.

注重追求经济效益及社会效益。布达拉宫殿内收藏并保留着许多历史文物，具有极高的历史价值及社会价值。对于布达拉宫的保护，不仅是对历史遗产的保护，同时也是对传统宗教文化、民族文化的保护。因此，考虑到布达拉宫文化遗产的保护与传承，旅游活动逐步退出。

第三，自然灾害导致文物本身损坏严重是导致旅游活动退出的又一因素。地震和降雨是危害布达拉宫的两大自然灾害。布达拉宫地区微震频繁，对砖木结构危害较大，木质结构变形、虫蛀腐朽状况较为严重，地面坍塌时有发生。依山而建的布达拉宫以大量的地垄作为支撑，越靠下面的地垄越阴暗潮湿，且多为封闭式结构，难以进入。1998年7月、8月、9月三个月，全国范围出现了大规模降雨，拉萨的降雨量超过了历史最高水平，强降雨对古建筑造成了极端尖锐的损毁问题：房屋漏雨、地垄墙体酥裂，多数出现险情的地方只能用临时构件维系。同时，壁画的起甲、开裂、污染现象也普遍存在。为了解决各种毁损问题，由中央政府投资，布达拉宫二期维修从2002年6月26日开始进行，至2008年，做到最大限度地保护宫殿价值。

第四，国家政策的出台促进了旅游活动的退出。由于城市不断发展建设，布达拉宫周边的环境受到了不同程度的破坏。随着文化价值的重要性日益突出，国家对文化遗产的保护已不再局限于单体的文物古迹或历史建筑本身，而是扩大到周边的人文环境和自然环境①，即从点的保护扩大到区域的保护。西藏自治区政府已经提出对布达拉宫脚下的雪城进行维修，并修建游客中心、展览中心分散人流，以及实施淡旺季票价、与旅行社协作合理安排游客行程，从而缓解游客对布达拉宫造成的承载压力。

第五，管理机构缺乏科学的管理机制也是导致旅游活动退出的原因之一。布达拉宫管理处的管理人员既是布达拉宫的直接管理者，也是利益相关者。在管理过程中，他们要满足自身及其他利益相关者的各自权

---

① 张松. 历史城市保护学导论：文化遗产和历史环境保护的一种整体性方法［M］. 上海：上海科学技术出版社，2001：134.

益，这就需要一个科学的监督管理机制来保障两者的平衡。目前管理处在遗产的综合管理方面缺乏科学知识和技术管理，难以实现对遗产管理具体实施者的有效监督和指导①。如果没有科学的管理机制，就不能有效地处理游客与景区的服务关系。管理者的综合素质影响着景区的管理水平，因此，在管理者人才结构水平合理，建立健全科学的管理机制之前，旅游活动逐步退出。

4. 布达拉宫旅游活动退出后的影响与经验借鉴

通过对旅游活动进行限制，布达拉宫景区的生态、人文环境得到了一定的保护，并能够保证资源的可持续利用与发展，保持其强烈的市场吸引力和竞争力。通过限流、分时、分段对外开放景区等一系列保护措施，在降低了资源环境的容量压力的同时，又保留了景区的历史文化遗产的高价值，提高了景区的综合管理水平，营造了安全的旅游环境，维护了布达拉宫的整体形象，提升了游客的旅游体验，保留了历史资源的文化价值。在旅游活动退出的过程中，布达拉宫景区的实践经验主要有以下几点：

第一，注重资源的保护及可持续性发展。资源的开发是旅游发展的基础，但盲目、掠夺式的发展旅游却会造成资源的浪费与破坏。布达拉宫在经历了大量游客的旅游活动后，资源受到了损毁，因此，考虑到资源的保护与可持续性发展，布达拉宫管理处及政府采取了积极的措施来应对目前的状况。通过对古建筑进行加固、修缮、维护工作以及从根源上控制旅游活动，资源得到了较好的保护，能够保证景区的可持续性发展。

第二，注重历史文化价值的留存与传承。布达拉宫规模宏大，空间富足，而且装饰极尽奢华，具有极高的观赏价值；历史上，布达拉宫是西藏"政教合一"的统治权力中心，在佛教徒中拥有较为神圣的地位，具有较为特殊的历史价值；布达拉宫内有着数量较为丰富、质量水平较高的塑像、壁画、唐卡，这对于研究藏族历史、艺术、文化有重要的文

---

① 胡海燕.布达拉宫世界文化遗产管理的现状、问题及对策［J］.西藏研究，2006（4）：74-81.

化价值。因此，为了历史文化遗产的留存、研究与传承，政府采取了积极有效的管理措施来保护城市文化遗产，如在重要历史建筑及周边设立缓冲带或建设控制地带等。同时，加强遗产管理能力，即加强管理制度体系、管理者学习创新等方面的能力①，从而减少遗产受到的破坏，保证遗产的完整性。

第三，注重协调游客与当地居民的利益。布达拉宫接待量的迅猛增加，对当地居民的社会心理容量带来了一定影响。长期大量游客的参观，有可能会使西藏的传统文化受异质文化的冲击而弱化，进而减弱布达拉宫的吸引力，致使旅游目的地的形象弱化，甚至会影响到藏民的正常朝拜，引起反感，进而原住民会对游客表现出冷漠甚至是敌视的态度，可能会阻碍旅游业的正常发展②。在旅游发展的过程中，朝圣者和旅游者在空间使用方面存在冲突，但布达拉宫管理处并没有为了经济利益而牺牲朝圣者的利益，而是把原住民的利益放在首位。政府对朝拜者象征性地收两元门票的做法，既满足了本民族的宗教需要，又保证了游客的旅游体验感。政府通过不断协调，实现了两者共存，维持了旅游发展与民生共生的状态，与周边的住户建立了良好的社会关系。

第四，运用政府强制性，增强非物质文化遗产保护力度。《拉萨市城市总体规划（2009—2020）》中提出了四个发展方针，即保护为主、抢救第一、合理利用、传承发展，通过深入开展非物质文化遗产普查工作，加强各个方面的管理工作，从而增强非物质文化遗产的影响力。同时指出，布达拉宫、大昭寺等核心区作为世界文化遗产保护范围，应保证世界文化遗产本体的原真性、完整性和安全性，进行专门的保护与维修③。拉萨市在规划中明确提出建设要求，重视拉萨市的总体发展，从政府的角度摆明对于旅游发展的态度，发挥了其特有的行政职能，这对于布达拉宫的保护与修缮规划建设起到了重要的管理维护作用。

---

①② 陈娅玲，孟来果. 西藏旅游文化遗产的利用和保护研究——基于布达拉宫的容量分析 [J]. 西藏民族学院学报（哲学社会科学版），2009，30（4）：43-46，123.
③《拉萨市城市总体规划（2009—2020 年）》（2017 年修订）[EB/OL]. 百度百科，https：//baike. baidu. com/item/拉萨市城市总体规划（2009—2020 年）(2017 年修订)/22075951? fr=aladdin.

七
承载力与容量控制导致旅游活动退出

（一）基本概念

旅游环境承载力（Tourism Environmental Carrying Capacity）概念是由承载力的概念①引申而来的，是指在满足游客高水平体验以及没有对旅游地资源产生影响的情况下的旅游活动水平②。与承载力理论对应的是旅游环境容量，是指旅游区能够承受或适宜接纳的旅游活动的总量指标。旅游环境承载力的降低和旅游环境容量的减少是导致旅游活动退出的重要因素。

（二）表现形式

旅游环境承载力主要考虑游客体验的满意度高且对旅游资源无影响这一平衡情况下的旅游活动水平。旅游环境容量概念既考虑了旅游活动赖以存在的生态环境基础的承受力，也考虑了旅游体验、经济系统和文化系统等综合因素。出于对旅游环境承载力和旅游环境容量的考虑，近年来，我国多个知名景区相继实施基于环境容量的旅游限制措施，还考虑了公共安全、服务能力、交通组织等因素。2015年，国家旅游局出台了《景区最大承载量核定导则》。

---

① 生物学领域于20世纪20年代提出承载力理论，指在某特定环境下（生存空间、营养物质、阳光等生态因子组合）某种个体存在的数量和最高极限。
② 世界旅游组织，1992。

(三) 案例说明——武陵源游客容量管理与承载力控制

1. 案例地概况

武陵源位于湖南省西北部武陵山脉腹地,张家界市境内,总面积为397平方千米,1982年经国务院批准于张家界建设中华人民共和国第一个国家森林公园——张家界国家森林公园,1992年被联合国教科文组织列入《世界自然遗产名录》,2004年被联合国列入世界地质公园,2007年被国家旅游局评为国家首批5A级景区,2008年成为全国文明风景旅游区;向来有"奇峰三千、秀水八百"的美誉,造型之巧,神韵之妙,意境之美,堪称大自然的"大手笔",也是美国电影《阿凡达》和中国古典名著《红楼梦》《西游记》等中外著名影视作品的实景拍摄地①。近年来,得益于张家界市"旅游立市"以及"旅游兴市"的旅游发展战略,张家界入境旅游全面发展,呈良好态势。武陵源建区以来,该区旅游接待规模由1989年的58万人次增长到2013年上半年的890万人次,年均增速为6.2%;累计实现旅游总收入由1989年的0.25亿元增长到2013年上半年的86.9亿元,年均增速为33.4%。

2. 旅游活动退出演变过程

第一,逐步搬迁直至彻底清除武陵源世界自然遗产核心保护区内的旅游接待设施。对武陵源世界自然遗产核心保护区内的过夜接待设施实施逐步萎缩,只减不增直至全部拆除,恢复自然,不留后患。分期实施方案如下:

2005年以前,立即停止建设任何宾馆和接待设施,拆除有碍遗产保护的建筑,完善污水处理等基础设施,对经过处理后排入金鞭溪的水质进行严格监测,保证达标排放。

2006~2010年,逐步按减法搬迁劣质接待设施和对环境及景观影响

---

① 武陵源风景区 [EB/OL]. 张家界·武陵源旅游官网, http://www.hnzjj.com.

图 4-15　武陵源核心景区——张家界国家森林公园宣传照《袁家界》

资料来源：武陵源官方网站，http：//www.hnzjj.com/Uploads/201411/5464288ee5d99.jpg。

较大的设施，同步恢复自然地形、水系和植被，使之成为高档接待区[①]。

第二，核心景区实行旅行社团队分时预约进山浏览制度。为了满足广大游客的游览需求，武陵源景区内为游客提供游览观光所用的索道和电梯。由于客流量较大，乘坐这些观光游览设施上行平均排队时间较长，给游客的整体游览体验带来不愉快的同时也给武陵源核心景区带来接待压力，且相关旅游设施等的大规模建设使用对景观游览也造成了一定影响，因而从 2012 年 8 月开始，张家界开始在核心景区——武陵源区实施旅行社团队分时预约进山浏览制度，对于进入核心景区的旅游团队分站分时实行人数控制，想要进入核心景区的团队需要预约进入景区浏览的站口和时段，如该时段已满，则需另行选择其他时段。该制度推行后成效明显：游客乘索道或电梯上行平均排队时间缩短了 1.5 小时以上；游客增加了在二级景点及演艺购物场所的消费时间，在改善旅游体

---

① 武陵源风景名胜区总体规划（2005~2020 年）[EB/OL]. 百度文库，https：//wenku.baidu.com/view/bb917d80d4d8d15abe234e96.html，2010-12-04.

验的同时也缓解了主要景区的接待压力①。

第三，严格执行环境容量管理，实行核心景区生态轮休制度。建立景区景点的轮流使用制度。除旅游旺季外，封闭部分景观性质大致相同的景区景点，使区域生态环境有一个恢复时期②。风景区的游客量宜控制在每年556万人次，最大日游客量为18864人次（见表4-8）。

表4-8　武陵源景区环境合理容量　　　　　　　　　　　　单位：人次

景区	武陵源景区大门内	黄龙洞	宝峰湖	总计
日容量	9860	5620	3384	18864
年容量	296万	168万	92万	556万

资料来源：武陵源风景名胜区总体规划（2005~2020年）③。

3. 旅游活动退出的原因

第一，自然旅游环境承载力下降。由于部分自然旅游环境难以复制、再生的特殊性（如丹霞地貌、武陵源石峰等），长时间旅游活动对自然环境也就是自然旅游资源造成了一定程度的破坏和影响，也使游客体验满意度降低，旅游环境承载力下降。为促进旅游景区长远发展，通过旅游活动退出以缓解旅游景区某一发展阶段的承载压力成为必然。

第二，旅游环境容量降低。由于部分景区生态环境承载能力有限，旅游景区周边及核心区居民生活排污等问题对景区造成了一定程度的环境破坏。以武陵源景区为例，森林防火、动植物资源保护等工作随着所在地城市发展进程加快而面临着越来越大的挑战。特别是1998年9月联合国教科文组织在遗产监测中提出"武陵源的自然环境已经像一个围困的孤岛，城市化对其自然界正在产生越来越大的影响"这一尖锐而准确的问题，相关负责单位大力推进自然景区保护力度，通过相关政策与文

---

① 《旅游法》限制景区游客量，限流能否带来欢乐游［N］.人民网，人民日报，2013-09-30.
② 武陵源风景名胜区总体规划（2005~2020年）［EB/OL］.百度文库，https://wenku.baidu.com/view/bb917d80d4d8d15abe234e96.html，2010-12-04.
③ 其中武陵源景区大门内金鞭溪日容量为9200人次，黄石寨日容量为3100人次，天子山贺龙公园日容量为4100人次。

件的颁布与实施全力维护旅游景区自然环境，促进风景保育。

第三，部分景区内遗产资源保护经费筹措较难。遗产资源作为旅游景区内吸引游客进行旅游活动的重要因素之一，由于其历史文化价值及科学研究价值的珍贵性、特殊性，既是旅游活动发展的推动因素，也是旅游活动发展的制约因素。旅游景区的开发与管理需要充分考虑遗产资源对于旅游活动发展的促进作用的同时，也需要充分考虑对于遗产资源的保护。部分景区财政收入的主要来源为门票收入，但由于各种原因，部分景区所分享到的景区门票收入比例较低，财政收入仅能维持日常运转，遗产资源保护经费筹措难，一些生态保护工程难以实施。景区在将遗产保护作为景区可持续发展的重要因素的情况下，适度旅游退出以保护遗产资源成为景区的不二选择①。

第四，基础设施难以满足游客需求。在旅游活动的持续影响下，特别是节假日客流量激增的情况下，部分旅游景区内核心景区游道、厕所、标识标牌等基础设施损毁较为严重，可使用数量不足，但由于游客在游览过程中对于基础设施的刚性需求，基础设施的日常维护及修复改造需要难以实施，为保障游览安全，提升游客满意度，旅游景区需要启动相关提质扩容工程，通过一定程度的旅游退出使景区内基础设施有喘息之机，以便在日后为游客提供更好的旅游服务，提高游客游览体验满意度②。

4. 武陵源景区旅游活动退出的启示与经验

武陵源景区根据《武陵源风景名胜区总体规划（2005～2020年）》这一指导风景名胜区保护和管理的重要依据，加强对风景名胜区的各方面管理，通过一系列举措取得了良好的工作成效：提高了游客的旅游体验满意度，促进了景区内的自然环境资源和遗产资源的保护，同时也带动了所在城市的经济发展。

第一，注重遗产资源保护与修复再生。《湖南省武陵源世界自然遗

---

①② 武陵源风景名胜区资源保护管理情况汇报［EB/OL］.张家界市武陵源风景名胜区和国家森林公园管理局，http：//blog.sina.com.cn/s/blog_4513112f0102vob2.html，2015-04-29.

产保护条例》颁布实施和《关于保护武陵源世界自然遗产的决定》出台后，坚持"严格保护，统一管理，科学规划，永续利用"的原则①。总体来讲，武陵源风景名胜区在充分利用武陵源遗产旅游资源的同时，更加注重旅游资源的保护，武陵源遗产地内以石英砂岩峰林景观为主的地貌景观得到了较好的保存，遗产地内植被得到了良好保护，在旅游设施拆迁处及修建处的植被得到修复，保护了得天独厚的珍贵遗产资源的同时也促进了生态环境的可持续发展。

第二，重视环境污染防控。武陵源旅游资源的开发和利用给当地带来了巨大的经济利益。与此同时，旅游人次和旅游设施的增加也给武陵源景区环境带来了很大的环境保护压力，造成了局部区域的生态环境污染和破坏。由此，《湖南省武陵源世界自然遗产保护条例》中，对于风景区保育规划作出了详细的规划设计。监测数据表明，通过风景区保育规划的有效实施，近年来武陵源景区森林覆盖率稳定在85%左右（遗产地达98%），水环境质量整体优良，大气环境质量良好，空气优良率达99%。武陵源区基本实现了山青、水秀、地净、天蓝、宁静的生态建设保护目标。

第三，缓解主要旅游地压力，增强总体规划布局，适度发展地方旅游经济。由于早期规划的不完善性，武陵源主要景区一度出现由于游客过多所造成的破坏现象。例如，如果黄龙洞参观游客过多，气体流动及二氧化碳呼出会造成洞内等各种气体比例的失衡，不利于洞内自然景观保护。因此，武陵源以保护世界自然遗产的真实性和完整性为宗旨，体现《湖南省武陵源世界自然遗产保护条例》，努力实现世界自然遗产的可持续利用；对于核心区特级保护区实施重点保护，且注重多方面控制景区内游客流量，注重旅游设施控制，科学调控游客数量、分布和活动，建立社会、经济、人口与自然遗产资源协调发展的动态平衡体系。

第四，深度挖掘地方特色。通过创新利用资源，打造特色鲜明的旅游产品体系，丰富旅游产品品种，加大特色旅游产品宣传，将特色产品

---

① 武陵源风景名胜区总体规划（2005~2020年）[EB/OL]. 百度文库, https://wenku.baidu.com/view/bb917d80d4d8d15abe234e96.html, 2010-12-04.

通过包装、宣传等方式打造成特色品牌,使游客将部分关注点转向武陵源特产。通过一系列旅游结构要素优化,尽可能地使旅游消费合理化,在满足旅游刚性需求的同时,在旅游产品和相关娱乐项目上下功夫。通过分散游客相关旅游需求,尽可能地缓解景区的接待压力。

八
经济利益取向与旅游活动退出

(一) 基本概念

在目的地经济系统中,旅游业作为其中一个组成部分,与其他产业发生各种关联作用,其中既有正向促进作用,也可能有负面作用。出于经济利益最大化的取向,旅游业可能在一定条件下被放弃,从而导致旅游活动的退出。

(二) 表现形式

工业旅游通常是工业企业为满足旅游需求、提高企业综合效益,利用自身工业生产景观等作为吸引物开发的旅游活动①。它在一定条件下对于企业增加收入和提升品牌形象具有作用,但对其主业(工业)生产可能产生干扰,或者大幅抬升管理成本,造成一些工业企业最终因经济利益取向放弃工业旅游经营。例如,2004年4月入选首批全国工业旅游示范点的吉利汽车工业旅游就因政务性考察团接待工作量太大,阻碍企业正常的生产经营秩序而退出工业游的经营②,帅康电器、罗蒙集团、

---

① 王宝恒. 我国工业旅游研究的回顾与思考 [J]. 厦门大学学报(哲学社会科学版),2003(6):108-114.
② 近10个工业游景点沦落,一批工业游资源闲置,甬企缘何无意开发工业游"宝藏" [N]. 东南商报,2012-06-05.

北仑电厂等也都面临同样的情况。

(三) 案例说明——吉利汽车退出工业旅游的机制与表现

1. 案例概况

吉利汽车工业旅游由吉利控股集团创建,该集团于 1986 年成立于台州,1997 年进入汽车领域。自 2012 年开始,吉利控股集团连续六年成为世界 500 强企业,连续十四年进入中国企业 500 强;同时,吉利控股集团也是中国汽车行业十强、"国家创新型企业"和"国家汽车整车出口基地企业"。集团总部位于杭州,拥有沃尔沃汽车、吉利汽车、伦敦出租车等品牌①。

2. 旅游活动退出演变过程

第一阶段,工业旅游发展初期,吉利抓住机遇成立工业旅游示范点。2001 年初,原国家旅游局开始倡导全国发展工农业旅游,并在 2002 年颁布实施《全国工农业旅游示范点检查标准(试行)》,开展工农业旅游示范点创建评审工作。与此同时,私家车的普及带动了老百姓对于汽车工业的兴趣,汽车工业旅游积累了一定的潜在市场。在这种背景下,吉利抓住市场需求,在市政府等有关部门的支持下,率先开启工业旅游创建工作,并于 2004 年 4 月成功创建首批全国工业旅游示范点,它也是宁波首次发展工业旅游的企业②。

吉利汽车工业旅游具有较强的游客体验参与性,使汽车生产不再是远离人们生活的制造业。在吉利工业旅游点,游客不仅可以直接观察汽车生产厂房的外部环境,还能近距离观看工人的工作场景,目睹汽车的生产制造过程,极大地满足了游客的需求。通过发展工业旅游,吉利的

---

① 吉利汽车 [EB/OL]. 百度百科, https://baike.baidu.com/item/吉利汽车/216408?fr=aladdin.

② 周春雷. 吉利: 大声吆喝工业旅游 [J]. 光彩, 2004 (9): 19.

品牌效益得以显著提高①。

第二阶段，回归本职，趋利避失，吉利退出工业旅游。宁波吉利、台州吉利分别被评为2004年、2005年全国农业旅游示范点。宁波吉利作为首批全国工业旅游示范点，以其独特的工业资源和旅游吸引物成为当地独特的工业旅游资源，并在当时受到宁波市旅游局乃至浙江省旅游局的极大重视。政府的重视虽然不断增加吉利的品牌影响力，但也使宁波吉利工业旅游点成为大量外来考察团必去的行政接待点。繁重的政务性考察团接待工作使吉利无法正常接待普通的工业旅游团体，因而逐步关闭对外开放工业旅游②。

表4-9 浙江省《全国工业旅游示范点》名录（2004~2007年）

年份	工业旅游示范点	年份	工业旅游示范点
2004	安吉天荒坪电站	2005	温州红蜻蜓集团
	温州大虎打火机厂		台州吉利汽车工业有限公司
	浙江（永嘉）报喜鸟集团		宁波卷烟厂
	浙江（永嘉）奥康集团	2006	新安江水电站
	台州椒江飞跃集团		浙江五芳斋工业园
	温岭钱江集团		浙江浪莎袜业工业园
	淳安千岛湖农夫山泉生产基地		浙江梦娜针织袜业工业园
	杭州娃哈哈集团下沙工业园		温州康奈集团工业园
	海盐秦山电站		宁波永淦古玩旅游区
2005	桐乡丰同裕蓝印布艺有限公司	2007	嘉兴丝绸园
	浙江（宁波）吉利汽车有限公司		丽水龙泉宝剑厂工业旅游区
	衢州黄坛口发电厂		宁波金田铜业
	温州正泰集团		

资料来源：百度文库。

---

① 资料来源：吉利汽车工业旅游点［EB/OL］.宁波旅游网，http://www.gotoningbo.com/mydlm/dywd/201705/t20170526_123261.html，2011-07-04.

② 近10个工业游景点沦落，一批工业游资源闲置，甬企缘何无意开发工业游"宝藏"［N］.东南商报，2012-06-05.

第三阶段，吉利规划建设沃尔沃小镇，重新发展工业旅游。2010年8月2日，吉利控股集团成功收购瑞士沃尔沃汽车公司。2015年6月，吉利控股集团在台州市路桥区创建沃尔沃小镇，发展特色汽车小镇旅游。沃尔沃小镇以"北欧风"为主题，将汽车产业、北欧文化、旅游相融合，拟打造出一个集汽车教育、休闲、娱乐、运动、商务等功能为一体的"汽车主题"旅游度假区。

图4-16　路桥沃尔沃小镇

资料来源：浙江新闻，http：//zjnews.zjol.com.cn/zjnews/tznews/201705/t20170526_4049466.shtml。

3. 宁波吉利汽车退出工业旅游活动的原因

从仅以工业为企业的主要经营内容，到快速发展工业旅游，再到因经济利益而退出工业旅游，在这一过程中，宁波吉利汽车工业旅游活动退出主要有以下几种原因：

第一，经济利益的取向是旅游活动退出的最主要因素。这一原因表现在两个方面：一是对吉利汽车企业的主业——工业产生了干扰。宁波吉利汽车利用自身的工业生产景观作为旅游吸引物开发旅游活动，但旅游活动的不断发展、游客的不断增多，对工业的生产产生了一定的影响，干扰了工业生产的经济利益。譬如，政务性考察团接待工作量太大，阻碍企业正常的生产经营秩序。吉利汽车的主要经济收益还是来源于其工业的生产，发展旅游在一定程度上干扰宁波吉利汽车企业正常的生产运营，导致吉利汽车企业基于经济利益的权衡而退出工业旅游。二是工业旅游的发展需大幅度提升管理成本。旅游的发展离不开人力、物力和财力，当它发展到一定程度时，企业就需要大幅度提升管理成本。管理成本的提高并没有给企业带来更高的经济利益，企业的工业旅游停留在不断抽取企业的利润来补贴的阶段，无法给企业带来足够的经济效益，企业基于经济利益的最大化需求选择退出工业旅游[①]。

第二，工业旅游产品的内容不够丰富。工业旅游推出的项目以游览观光为主，能够实时参与性的活动不多，且内容简单，企业不愿投入太多的经济和精力去发展工业旅游，而更为注重宣传展示既得的利益。流水线式的旅游活动过于单调贫乏，逐渐地对游客没有了吸引力[②]。

第三，工业旅游的发展缺少了深入的规划指导。宁波吉利汽车企业开展工业旅游的动机主要是扩大品牌影响力和增加经济收入，而企业对自己的自身优势的认识和分析不够深入，对如何规划工业旅游、汽车企业的工业旅游应该发展到多大规模没有进行深入研究[③]。

4. 吉利汽车工业旅游活动退出的启示与经验借鉴

在旅游活动退出的过程中，宁波吉利汽车退出工业旅游的实践经验主要有以下两点：

第一，达成有效共识，形成工业生产和工业旅游"双赢"。企业要把握工业生产和工业旅游所占的比重，不能本末倒置，可以适当地开展旅游，但还是要以工业生产为主要经济来源。发展旅游是在企业正常的生产运营的基础上开展的[④]。

---

① 资料来源：中国宁波网，http：//m.zjol.com.cn/mzjol/details.html? newsid=018550365。
② 开展工业旅游的九大问题，您的企业面临几个［EB/OL］.简书，https：//baijiahao.baidu.com/s? id=1578953086617922848&wfr=spider&for=pc，2017-09-20。
③ 国内工业旅游痛点及发展建议［EB/OL］.搜狐新闻，https：//baijiahao.baidu.com/s? id=1591274733294616813&wfr=spider&for=pc，2018-02-02。
④ 浅谈工业旅游［EB/OL］.百度文库，https：//wk.baidu.com/view/ae21052cda38376bae1fae27.html。

第四章　旅游活动退出的模式

第二，丰富旅游产品的内容，让提高管理成本得到有效的回报。企业的工业旅游要走出"光游不买，流水线观看"的困境，要迎合游客的旅游意向，而不是单一地推出自己的工业生产景观来供游客参观。要在观光的基础上加上企业文化的体验，展现吉利企业的发展历程，充分展现特点和亮点，这样游客停留的时间才会变长，企业在进行品牌营销的同时也能给企业带来实际收益①。

九

非经济利益取向与旅游活动退出

（一）基本概念

除考虑经济利益外，旅游活动与其他非经济利益诉求相冲突时，可能出于各种考虑被放弃。可能导致旅游活动退出的非经济利益因素包括政治、文化、社会、宗教信仰等。

（二）表现形式

20世纪80年代初，北京中南海曾短暂对外开放，每周末在京各单位组织参观，后全面停止。武汉大学等高校曾吸引了很多游客参观游览，对大学的教学工作和研究环境产生了干扰，之后出台了各类禁止和限制旅游活动的措施。出于政治、文化、宗教、居民生活等目的，也有大量旅游活动和设施退出的案例，如故宫清理国外品牌咖啡馆、很多地方拆除会所、一些宗教设施停止接待游客参观等。朝鲜的金刚山景区，

---

① 国内工业旅游痛点及发展建议［EB/OL］. 搜狐新闻, https://baijiahao.baidu.com/s?id=1591274733294616813&wfr=spider&for=pc, 2018-02-02.

在朝韩关系改善时开放投资和游览,在关系紧张时又关闭旅游活动。

(三) 案例说明——武汉大学

1. 案例地概况

武汉大学坐拥珞珈山,四周东湖水环绕,因环境优美,被誉为"中国最美丽的大学"。学校占地面积5195亩,其中建筑面积226万平方米。武汉大学宫殿式建筑群风格独特,中西合璧,在2001年被国务院公布为"第五批全国重点保护文物",其中26栋建筑被列入"全国重点文物保护单位"[①]。

武汉大学是国家"985"工程和"211"工程重点建设高校,为国家教育部直属重点综合性大学,同时也是首批"双一流"建设高校之一。武汉大学前身为自强学堂,是由清末湖广总督张之洞于1893年创办的近代中国第一批国立综合性大学。

图4-17 武大正门

资料来源:微图,http://www.microfotos.com/。

① 学校简介 [EB/OL]. 武汉大学官网(2017年11月更新),http://www.whu.edu.cn/.

武汉大学的自然旅游资源相对丰富，是天然的植物园，校园内有种子植物 120 科、558 属，共 800 多种，其中属于珍稀濒危的植物有 11 科、17 种，在这其中樱花最负盛名。目前，武汉大学中樱花种类有东京樱花、山樱花、垂枝樱花。每到樱花盛开之际，大批市民、游客便慕名前来参观，大有"三月赏樱，唯有武大"的意趣①。

图 4-18《珞樱》傅玲

资料来源：武汉大学新闻网，http：//news.whu.edu.cn/。

2. 旅游退出演变历程

第一，在樱花盛开期，实行交通管制，游客购票入校参观。武汉大学并非中国唯一集中观赏樱花的城市，但据之前红网开展的"你觉得中国最浪漫樱花美景在哪"投票中，武大樱花荣登榜首。随着高铁的开通，交通更加便利，也让武大樱花上升为全国性景点。2011 年"3·11"日本地震后，各大旅行团更是将赏樱目的地转移到了武汉大学②。在樱

---

① 但强. 武汉大学校园旅游资源开发研究［J］. 2007（26）：225-226.
② 武大樱花升格为全国性景点，珞珈主人更显积极姿态［EB/OL］. 武汉大学新闻网，http：//news.whu.edu.cn/info/1003/22603.htm，2011-04-09.

花开放时节,大量游客涌进校园观赏游览,造成当地的交通拥堵。游客在观赏樱花时,攀爬、折枝等不文明行为造成对樱花树的损坏。进校的游客更有携带食物进入教学楼的,影响正常的教学秩序①。

图 4-19 游客爬上樱花树干摆造型

资料来源:观察者网,http://www.myzaker.com/article/5ab7a6d41bc8e0ea4700040a/。

2011 年,省市公安和城管部门与武汉大学共同研究樱花开放期间校园交通秩序与安全管理问题。市公安局推出多个"第一次"举措,具体为:第一次将安全保卫指挥部进驻武大校内应急处置指挥部内,现场调度近 300 名交警、巡警、治安警和反扒民警共同维护交通与治安秩序;

---

① 武汉大学樱花节 记者调查:樱花节还是"樱花劫"[EB/OL].中国网络电视台,http://news.cntv.cn/china/20120404/109624.shtml,2012-04-04。

第一次规定八一路单双号限行，武大门口设置隔离带，人车分流；第一次不允许大交通车进入校园，并在校园周边开设临时停车场，加强疏导。这一系列举措，保证了校园及周边交通畅通和游人安全。此外，武大推出一系列"樱花管理新政"：大型旅游车禁入校园；不准使用喇叭；双休日樱花观赏区实行全封闭交通管制等①。

2011年起，武大在樱花盛开时节收取10元门票，小孩、老人、中小学生、校友及来校办事人员等不用购票。然而，10元票价并没有阻止游客的热情，超出承载力的人流量并没有得到控制。2013年，票价提升为20元。2016年，武大取消收取门票，实行免费限量参观模式，每天限制人数对外开放②。

第二，限制人数，不接待团体参观。2011年，武汉大学欲通过收取门票的方式抑制樱花盛开时节迅速增长的来校参观游客数，但并没有取得显著的效果，游人数量还在持续增长，最高人数甚至达到一天20万③。2013年，武汉大学施行限流新政，表示将严格限制参观人数，团体参观必须提前预约；谢绝参观车辆入校，教学、科研、办公场所、学生宿舍、食堂将一律不对游人开放④。2014年，武汉大学设置进入校园人数的上限：工作日最多允许2万人进校赏樱，周末最多允许4万人进校赏樱，部分景点参观需预定⑤。2016年，武汉大学只接受网络预定，工作日每天限1万名校外人员预约入校，周末每天限2万名校外人员预约进校，且不接受团体参观。预约成功的游客还要接受双重核验管理，公众只允许从学校正门、附中门、西门、茶港门或文澜门5个校门经核

---

① 武大樱花有序迎送四方宾客［EB/OL］. 武汉大学新闻网，http：//news. whu. edu. cn/info/1002/21810. htm，2011-04-08.
② 2016年武大樱花"新政"问答录［EB/OL］. 武汉大学新闻网，http：//news. whu. edu. cn/info/1002/45300. htm，2016-03-03.
③ 湖北：武汉大学 出招应对"樱花劫"［EB/OL］. 央视网，http：//news. cntv. cn/2015/03/22/VIDE1427022544233995. shtml，2015-03-22.
④ 今年樱花开放时武大将严格限制参观人数［EB/OL］. 武汉大学新闻网，http：//news. whu. edu. cn/info/1003/20037. htm，2013-01-26.
⑤ 今年樱花季武大实行人数控制［EB/OL］. 武汉大学新闻网，http：//news. whu. edu. cn/info/1003/40282. htm，2014-03-11.

验后进校，另外，将包括鲲鹏广场、人文馆、行政大楼周围、"912"操场等在内的区域设置为校园中心区域，实行封闭管理，已进校的预约公众进入这一区域还需接受二次核验①。2018 年，武汉大学采用提前三天网络预约、人脸识别与身份证件一致才能放行等赏樱政策来限制游客数量。

图 4-20　樱花节游客人满为患

资料来源：观察者网，http://www.myzaker.com/article/5ab7a6d41bc8e0ea4700040a/。

3. 旅游退出原因分析

武汉大学是一所校园，因樱花著名，吸引了大量游客。但是，作为事业单位的武汉大学，还是以维护校园内师生的正常学习工作为目标，对来访游客进行引导和限制。武汉大学旅游活动退出的原因有以下几种：

第一，大量游客进入校园，影响校园正常秩序。武大樱花历史悠久，数量繁多，在樱花开放之际，武大校园涌入的大量游客严重影响了学校的正常教学、工作秩序，给在校园中学习工作的师生造成极大的不便。

---

① 2016 年武大樱花"新政"问答录 [EB/OL]. 武汉大学新闻网，http://news.whu.edu.cn/info/1002/45300.htm，2016-03-03.

根据2012年中央电视台的报道:"樱花节期间,学校组织了300多名学生志愿者守护樱花,严防游客攀爬和折枝。但是即使这样,一些不文明现象还是屡见不鲜。武汉大学的理学楼是民国时期的建筑,虽然门口竖着游客止步的牌子,但丝毫没有影响游人的情绪,逛教室的,拍照留念的,坐在教室里吃东西的市民也不在少数,有的甚至干扰了正常的教学秩序。有学生表示,老师都会允许学生迟到一些,因为游人实在太多了。"[1]

虽说武汉大学为公立大学,校内樱花为公共财产,但其终究是一所校园,是一个教学科研单位。校方有权利、有义务保证师生正常的学习生活。武汉大学在樱花盛开时节限制和调整入校参观人数,就是在满足市民需求和维持学校正常秩序中寻找平衡。

第二,校园的基础设施等不能承担游客同一时间段的大量涌入。武汉大学本就不是一个旅游景点,可是在樱花盛开时节,校园需要承受严重超过负荷的游客数量。武汉大学党政办主任表示,"武汉大学是个校园,是个高校,是个教学科研单位,它的基础设施,它的方方面面的情况,不能够满足在短期内接受、接待大批量游人的条件,所以确实给师生、员工的学习、生活和工作也带来了一定的影响"[2]。没有与景区一样的接待大量游客的设施,武汉大学通过限制游客量、组织志愿者对游客进行引导、不对外开放食堂和与当地的公安部门合作来缓解樱花节期间过度涌入的外来游客带来的压力。

第三,游客管理大大增加了学校的经济负担。武汉大学为接受樱花盛开时节的游客涌入,需要增加安保人员、维护设施、维护樱花等的费用,这些相关支出每年就需要600万元[3]。虽然对此武大校长窦贤康表示"愿意承担",但仍有人认为这种支出是不值得的,认为武大作为校园,应该着力于教学和科研。

---

① 武汉大学樱花节 记者调查:樱花节还是"樱花劫"[EB/OL]. 中国网络电视台, http://news.cntv.cn/china/20120404/109624.shtml, 2012-04-04.
② 资料来源:中央电视台《共同关注》,2015年3月22日。
③ 武汉大学樱花节每年投入600万,武大校长窦贤康:愿承担[EB/OL]. 闽南网, http://www.mnw.cn/tour/lvyou/1960582.html, 2018-03-20.

4. 旅游退出的启示

一些非经济利益取向、没有景区相关设施的旅游地，在一定时段迎接大量游客的涌入时，都应采用相关措施，维持合理的游人秩序，以自身的社会角色为重，不应过分在意经济利益。武汉大学通过对旅游活动的限制，在满足市民赏樱需求的同时，维持了校园的正常秩序。以下是从武汉大学的旅游活动退出中得出的启示：

第一，与当地公安部门共同协作。武汉大学自 2011 年起，与省市公安和城管部门协作，有效保证了游览高峰时的交通通畅、游人人身安全、参观地的工作者与学生的正常学习工作。

第二，校内增加引导标识，组织志愿者。为了给游人提供引导服务，及时杜绝游人游览时的不文明行为，校内组织志愿者和增设相关引导牌来维护正常秩序。

第三，增加临时设施。武汉大学在游人赏樱的高峰期租赁临时设施，如移动卫生间等，保证短时间内大量涌入游客的基本需求，也保证了在校师生的正常学习工作环境。

第四，划分观赏区和非参观区等，实施区分管制。武汉大学在樱花开放时节，为游人开放樱花大道，封闭其他教学工作区，在满足游人赏樱需求的同时，保证了师生正常学习工作，同时也方便了管理工作的进行。

居民利益冲突及协调与旅游活动退出

（一）基本概念

居民是旅游开发中的重要利益主体，是旅游活动得以健康、和谐开展的立足之本。由于发展模式和利益分享机制设计的缺点以及文化冲突等原因，居民与旅游开发者之间的矛盾十分普遍，更严重的情况下则表现为特定旅游开发商被逐出或者旅游活动被暂时取消。

(二) 表现形式

由旅游活动造成的居民利益冲突与协调主要包括：由于年龄增长、收入来源多样化或生活观念变化等原因，参与旅游经营的居民数量减少；社区居民抵制本地发展旅游；为保护社区居民的利益和生活环境限制旅游发展；限制旅游地居民进行无规制的旅游经营活动等。

(三) 案例说明——南锣鼓巷旅游退出的机制与表现

1. 案例地概况

南锣鼓巷是一条位于北京中轴线东侧交道口地区的胡同，北起鼓楼东大街，南至平安大街，宽 8 米，全长 787 米，与元大都同期建成，是北京最古老的街区之一，已有 740 多年的历史。它是中国唯一的棋盘式传统民居区，保留了元代胡同院落的风格，规模最大，品位最高，资源最丰富。它也是这座城市最具老北京风格的街道，于 2010 年 5 月正式挂牌为国家 3A 级景区。北京奥运会后，随着商业化的发展和知名度的不断提高，南锣鼓巷逐渐成为北京最受外地游客欢迎的旅游景区之一。按照相关标准，南锣鼓巷景区瞬时承载量为 1.7 万人，但其实际日均客流量已经达到了 3 万人以上，在国庆假期等重要节假日甚至达到了单日 10 万人的高峰（2015 年 10 月 2 日）①。

除了客流量远远超过景区承载力上限以外，作为老北京历史文化街区的代表，南锣鼓巷却因其过度商业化所产生的旅游乱象广受诟病。据报道，尽管政府尝试多次进行整顿，但在南锣鼓巷摘牌退出的前两三年，"700 多米长的南锣主街上，愣是出现了 80 多个烤串摊位。这些摊

---

① 游客多了居民烦了，还有多少消化不良的 "南锣鼓巷" [EB/OL]. 新浪新闻，http：//news.sina.com.cn/o/2016-05-01/doc-ifxruaee5282756.shtml，2016-04-30.

位把街道当成了柜台,除了烤串,还有卖臭豆腐、酸辣粉、卤煮、炒肝的,反正什么赚钱卖什么,乱到让人无法忍受"[①]。过多的人流量与杂乱的经营环境对当地居民的生活环境造成了极大的破坏。

图4-21　南锣鼓巷拥挤的人流

资料来源:中国社会科学网, www.cssn.cn/tp。

2. 旅游活动退出演变过程

第一,主动申请取消景区资质,暂停接待旅游团。在摘牌前,南锣鼓巷不仅是开放性的旅游景区,还是大批居民的居住区。在历史街区改造为旅游景区的过程中,大量的旅游设施占据了南锣鼓巷居民原本的生存空间,破坏了历史建筑与历史风貌。仿照历史街区复建的景观也因为丧失了原真性而广受诟病。开发商过于追求经济效益也在很大程度上侵占了南锣鼓巷居民的居住利益。此外,连年攀升的游客接待量也让设计承载量不高的南锣鼓巷遭受了巨大的接待压力。因此,2016年4月25日,南锣鼓巷正式申请取消了持有仅6年的3A级景区资质,并做出暂停接待旅游团的决定。

[①] 盘点南锣鼓巷二十年变迁记 商铺从235家"瘦身"到154家[N]. 北京晚报, 2017-09-06.

第二，进行大规模封街改造，减少商业气息，推广传统文化。主动申请"摘牌"后，南锣鼓巷在 2017 年春节前进行了长达两个月的封街改造。至 2016 年年底，南锣鼓巷的商家由 235 家急剧减少至 154 家，关闭无证无照店铺 28 家，将 92 家"一照多店"的商家合并至 39 家，并转型 10 家低端小吃类业态。同时，在南锣鼓巷开设民俗文化馆等以推广老北京民俗文化的公益设施，使到访的游客对老北京及南锣鼓巷具备初步的了解。这也使南锣鼓巷从商业化严重的"小吃一条街"逐渐回归到以推广传统文化为主的历史文化街区。

第三，政府引导历史风貌保护，消除低端业态，恢复老街风貌。2017 年东城区"两会"期间，《南锣鼓巷历史文化街区风貌保护管控导则（试行）》手册正式发布，其中包含了区位图、控制性详细规划图、建筑保护与更新方式评估图、文物及建控地带分布图、古树名木分布图、街巷胡同分布图、管控要素示意图等。政府对主街 700 多米路面重新铺装，梳理完善地下管线等市政设施；南锣鼓巷商会监督所有店铺外观遵循统一标准重新装修，对于装修和业态调整达不到标准的店铺一概不允许开业。对于申请摘牌后仍存在人口、交通、产业等一系列问题的南锣鼓巷，消除低端业态是转型升级行动中的重要一环。

3. 退出原因

第一，南锣鼓巷并未采取限客或定时闭门制度，导致游客过度无序涌入，景区人流交通大大超过设定载客容量度，严重影响当地旅游舒适度指数，对游客安全产生威胁。

第二，游客接待量巨大使景区在管理服务方面手段滞后、收效甚微，导致景区环境承受压力骤增，景区自身自然资源及人文资源受到一定的破坏。

第三，景区的商业经营环境失序，大量杂乱的无照、一照多店的摊位占据街道，由此出现了食品安全等一系列问题。南锣鼓巷从老北京传统街区演变成了纯粹的商业街，失去了原有的老街韵味。

第四，南锣鼓巷的商业开发侵占了当地居民的居住利益，甚至开发区域已经从南锣的主街延伸到其他街道①。大部分居民认为,在胡同商业化的大环境下,自己的生活遇到了诸多不便,且胡同蕴含的文化背景更应该被关注及推广,游客对南锣鼓巷的印象不能只停留在小吃或快餐上。

4. 结论

旅游景区是旅游经营者与当地居民共同声明利益的对象。当旅游景区的生产经营严重侵占了居民的利益,即双方的利益发生不可调和的矛盾时,旅游经营者需要采取一系列措施尽力安抚受侵害居民的利益。在南锣鼓巷案例中,其呈爆炸式增长的游客量与日益混乱的商业经营生态严重影响了南锣鼓巷居民的生产生活,此时旅游经营者主动选择退出,转而促进南锣鼓巷消除低端业态,向更加原真的传统街区转型升级,无疑给游客留下了原汁原味的游玩欣赏空间,让游客领略到实实在在的民俗风情,为游客呈献一种更加富有文化内涵的崭新面貌。

经营意愿变化导致旅游活动退出

(一) 基本概念

劳动力参与旅游经营意愿与从事旅游经营行为正相关,旅游经营意愿降低,就可能退出经营。大量旅游劳动力的退出会导致地区旅游活动的退出。

旅游经营意愿不仅受经营状况的影响,同时也会受其他多种因素的影响:社会的进步、劳动力知识能力的增加等会促进劳动力价值的提升,旅游劳动力拥有更优质的就业机会,从而放弃旅游就业。另外,劳

---

① 南锣鼓巷居民:胡同现在确实有点乱 [N]. 北京晚报,2015-04-19.

动力个体年龄的增长、家庭新成员加入等原因也会使原来参与旅游经营的劳动力退出,造成旅游行业中劳动力供给的减少。

(二) 表现形式

一些旅游活动的个体经营者,主要是乡村旅游经营户,随着收入来源(政府财政性补贴)增加、年龄结构老化、年轻人离开乡村等变化,加之缺乏改造升级的能力,持续经营传统乡村旅游(农家乐)的意愿降低,甚至退出乡村旅游经营。例如,曾被誉为"京郊民俗旅游第一村"的昌平麻峪房村的民俗旅游经营户,在十多年间减少了近60%①。

(三) 案例说明——麻峪房传统乡村旅游经营户退出旅游经营

1. 案例地概况

麻峪房民俗旅游村地处北京市昌平区十三陵镇西北部,村域面积7平方千米,全村农户共60户,1998年开始发展乡村旅游,被誉为"京郊民俗旅游第一村",2006年入选"北京市十大最美乡村",2007年被定为奥运乡村旅游接待村,乡村旅游是麻峪房民俗旅游村的主导产业。

2. 北京市乡村旅游经营户退出的演变过程

20世纪80年代后期在昌平十三陵首次出现了观光桃园之后,京郊民俗旅游兴起并逐渐繁荣,但是近几年,许多京郊民俗旅游村开始出现旅游经营退出的现象。据北京市统计局发布的《北京市2017年国民经济和社会发展统计公报》数据显示,2017年北京乡村民俗旅游实际经营户为8363户,比2016年减少了663户(见表4-10)。《北京区域统计年鉴2017》《北京旅游统计年鉴2018》的数据表明,2016年北京市有9个区(共收录了12个区的数据)的乡村民俗旅游经营户数比上一年减少;2017年北京市有8个区的乡村民俗旅游经营户数比2016年的减少(见表4-11)。

---

① 京郊民俗游缘何陡现双下降 [N]. 北京日报, 2018-04-10.

表4-10 北京市乡村民俗旅游情况（2005～2017年）

项目	2005年	2006年	2007年	2008年	2009年	2010年	2011年	2012年	2013年	2014年	2015年	2016年	2017年
从事民俗旅游实际经营接待（户）	7268	8726	10323	9151	8705	7979	8396	8367	8530	8863	8941	9026	8363
民俗旅游高峰期从业人员（人）	14070	18253	20750	19421	19790	16856	18232	18705	19578	21493	22313	22215	22455
民俗旅游接待人次（万人次）	758.9	982.5	1167.6	1205.6	1393.1	1553.6	1668.9	1695.8	1806.5	1914.2	2139.7	2297.4	2232.1
民俗旅游总收入（亿元）	3.14	3.65	4.96	5.29	6.09	7.35	8.68	9.05	10.20	11.25	12.86	14.35	14.2

资料来源：《北京统计年鉴2017》。

第四章 旅游活动退出的模式

表4-11 北京市各区乡村民俗旅游情况（2015～2017年）

各区	民俗旅游接待户数（户）			高峰期从业人员（人）			民俗旅游接待人次（人次）			民俗旅游总收入（万元）		
	2017年	2016年	2015年	2017年	2016年	2015年	2017年	2016年	2015年	2017年	2016年	2015年
全市	8363	9026	8941	22455	22215	22313	23213317	22974198	21396673	142021.7	143540.6	128550.1
城市功能拓展区												
朝阳区	3	3	5	5	5	6	547	800	900	3.0	6.5	7.2
海淀区	20	26	26	56	45	42	40274	38798	40262	250.8	257.4	264.7
城市发展新区												
房山区	1254	1324	1340	2079	2176	2321	1608497	1827490	1715643	8211.4	9451.3	9431.8
通州区	76	77	78	53	115	151	33660	40116	27385	679.8	1608.4	1113.8
顺义区	32	32	33	205	164	68	140294	51540	25223	619.3	802.8	114.3
昌平区	352	351	370	1655	1572	1745	2560062	2412172	2341711	11002.4	10422.4	8911.1
大兴区	74	96	136	594	627	696	395776	427940	450469	1543.1	1737.0	1691.8
生态涵养发展区												
门头沟区	436	463	510	1097	1144	1198	658513	857041	752888	4827.6	5669.8	6527.2
怀柔区	1495	1585	1556	4218	4226	3979	2716473	2467082	2460771	21072.6	19142.4	17146.4
平谷区	1374	1844	1873	4688	4929	4912	4345902	4704247	4432264	29241.5	31187.5	28207.9
密云区	2157	2185	2060	4580	4470	4288	4841860	4933420	4595315	33402.8	31988.9	29099.8
延庆区	1090	1040	954	3225	2742	2907	4979459	5213552	4553842	31167.4	31266.2	26034.1

注：民俗旅游接待户数为实际经营的户数。
资料来源：《北京区域统计年鉴2017》《北京区域统计年鉴2018》。

3. 麻峪房乡村旅游经营户退出演变过程

麻峪房村乡村旅游的发展大致可以分为四个阶段：

（1）1996~2000 年是快速发展阶段。1997 年全村有 12 户民俗旅游经营户（其中 11 户为党员户），1998 年又有 12 户搞起了民俗旅游，到 2000 年全村 60 家农户有 55 户加入民俗旅游接待。

（2）2000~2010 年是鼎盛阶段。全村的民俗旅游经营户达到最大值，民俗旅游成为村主导产业，民俗旅游模式的成功给麻峪房村带来巨大的荣誉，麻峪房村 2002 年被媒体誉为"京郊民俗旅游第一村"，2005 年成为北京首家"数字民俗村"，2007 被评为十三陵镇唯一的"奥运旅游接待村"。

（3）2010~2015 年是缓慢下降阶段。由于北京市民俗旅游的广泛兴起与规范经营，以及附近锥臼峪景区的公园年票使用资格的取消，麻峪房民俗村游客人数开始急剧减少，2010 年民俗旅游经营户减少了 10 家。

（4）2015 年至今是衰退阶段。旅游消费升级，乡村精品民宿盛行，麻峪房村失去市场吸引力，游客接待人数持续急降，民俗旅游经营户数也以腰斩的速度减少，2017 年实际经营民俗旅游的只有 20 多户，外地人开始进入本村，进行传统农家院改造、经营精品民宿，由此麻峪房村开始出现缓慢转型发展，截至 2018 年 10 月底有 6 家民宿经营。图 4-22 至图 4-25 直观地反映了 1997 年以来麻峪房村民俗旅游经营户的变化情况。①

---

① 王鹏飞，王瑞璠. 行动者网络理论与农村空间商品化——以北京市麻峪房村乡村旅游为例 [J]. 地理学报，2017，72（8）：1408-1418.

第四章 旅游活动退出的模式

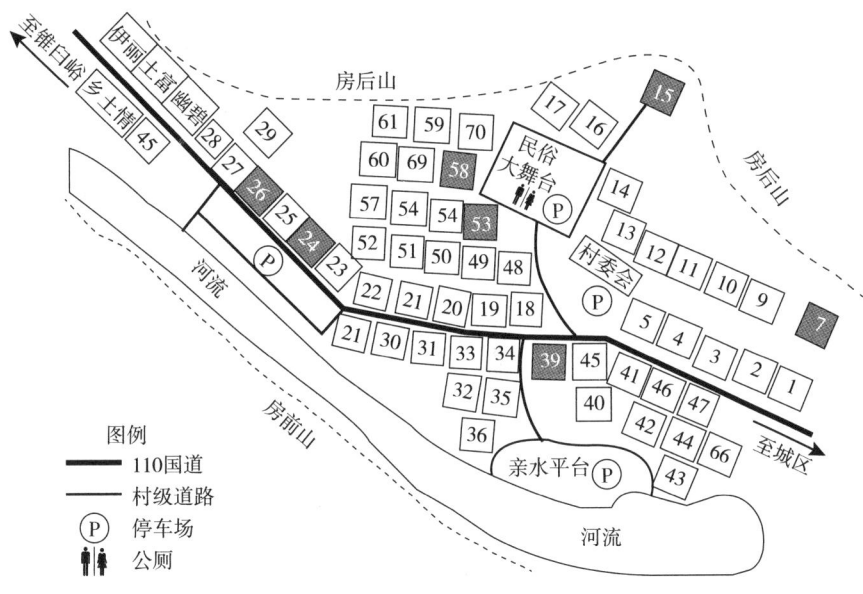

图 4-22 1997 年北京麻峪房村民俗户分布示意图

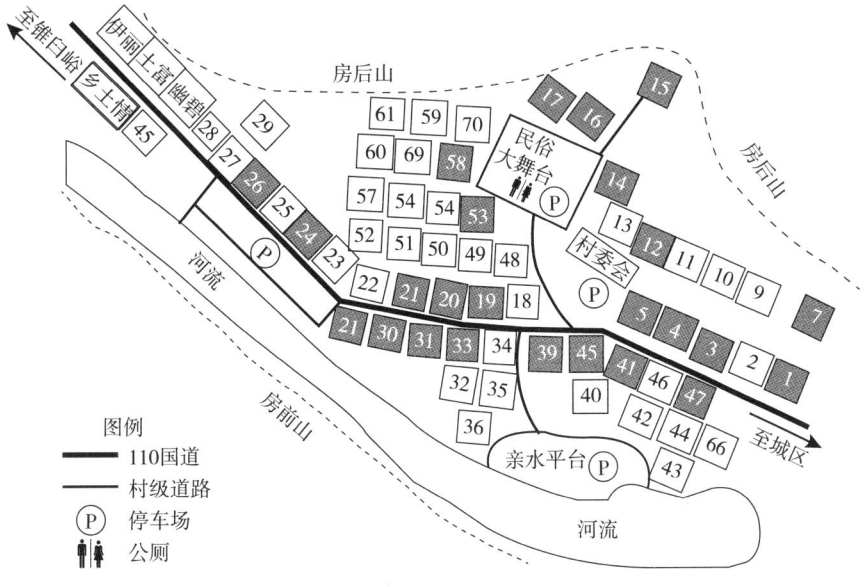

图 4-23 1998 年北京麻峪房村民俗户分布示意图

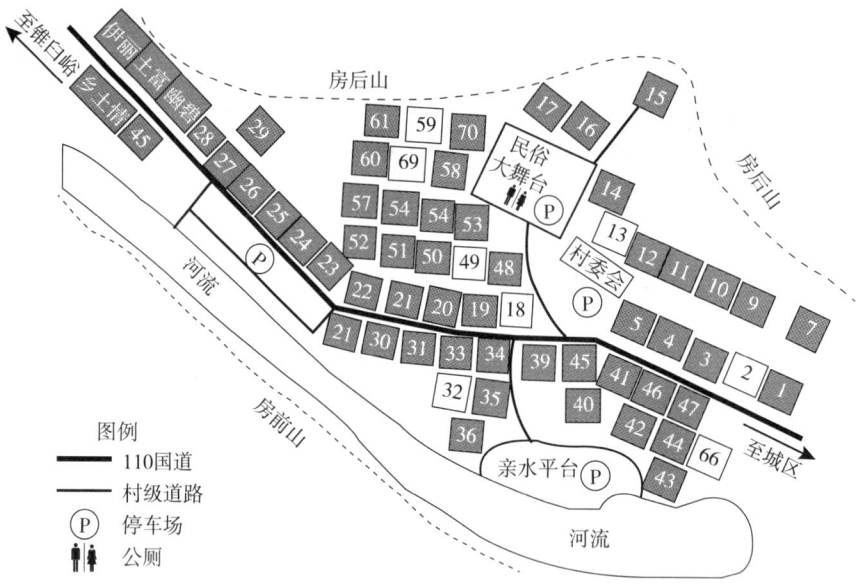

图 4-24　2006 年北京麻峪房村民俗户分布示意图

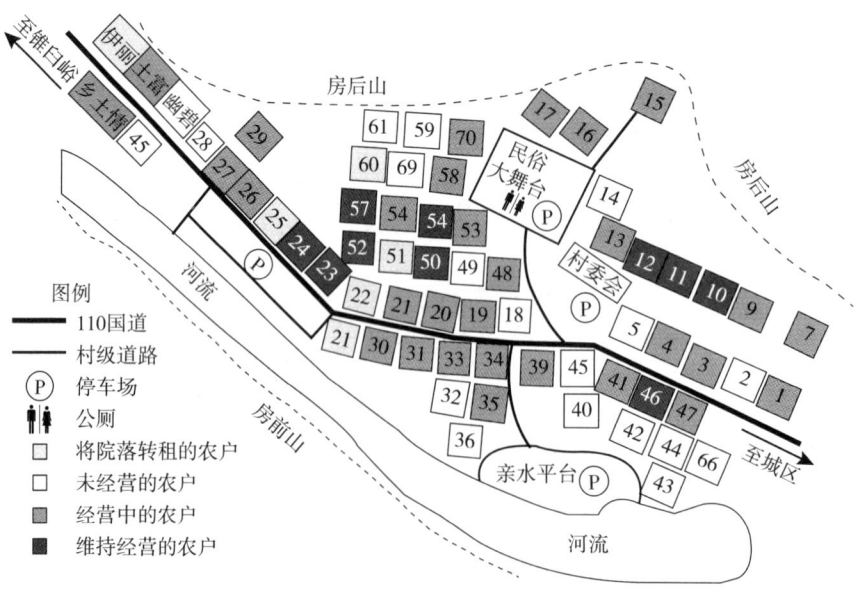

图 4-25　2015 年北京麻峪房村民俗户分布示意图

注：图 4-25 至图 4-28 来源于王鹏飞，王瑞璠. 行动者网络理论与农村空间商品化——以北京市麻峪房村乡村旅游为例［J］. 地理学报，2017，72（8）：1408-1418.

4. 麻峪房乡村旅游经营户退出的原因分析

为了深入了解麻峪房乡村旅游经营户大幅度退出经营的原因，课题组于 2018 年 7 月 22~23 日、2018 年 10 月 16~17 日、2018 年 12 月 18~21 日共三次到麻峪房民俗旅游村进行实地调查。通过实地考察和对当地居民进行半开放式深度访谈，了解到该村农民退出乡村旅游经营的原因主要有六大类因素：

第一，个人因素。个人因素主要表现为出于乡村旅游传统经营户个体自身的原因退出乡村旅游经营，其具体感知因子包括个人的身体状况、经济负担、价值观、收入多元、城市化意识、发展前景以及文化程度。对于老一辈经营者而言，体力不支、经济负担减轻是个人退出的最主要因素。麻峪房村从 1997 年开始发展旅游，至今已经有 20 多年，第一代经营者普遍步入中老年阶段，体力和精力远不如从前，难以应付对体力要求相对较高的乡村旅游经营工作。同时，随着长期经营的经济积累，家庭中子女的成长、立业、成家，以及因年龄增长带来的退休金、养老金和子女供养费等多元化收入，第一代经营者的经济负担减少，不需要再涉足体能消耗较大的农家院经营，反而更倾向于享受"不用操心""就在家看孙子"的天伦之乐。对于受教育程度普遍较高、视野更加开阔的第二代经营者来说，乡村旅游就业远不能满足其对个人优质发展的追求，他们更想离开自己土生土长的农村，"努力往外走"，去到城市开创新的天地。

第二，家庭因素。家庭因素是指出于家庭的考虑或者家庭成员的原因而退出乡村旅游经营。主要因子有家庭投入、家庭责任、家庭成员的就业状况。家庭投入分为人力资本、货币资本和土地资本的投入。家庭投入量的多少会产生经营效益的分化，表现为：家庭参与劳动力数量少，装修花费少，家庭土地面积少的家庭无法与投入较高者相竞争，最终在市场淘汰机制的作用下逐渐退出经营。新生人口的到来、年长者的衰老生病需要经营者承担家庭责任，牺牲时间去照顾年老者和年幼者，无力再参与经营。另外，由于受教育水平的提高，经营者的子女普遍能接触到更好的就业机会，会通过"毕业分配"或者自行寻找的方式在城市就业定居。同时，也有部分第一代经营者就业于薪酬较低、劳动强度也较低的工作，如保安等，暂时性地退出农家院经营。

第三，旅游发展认知因素。旅游发展认知因素指经营者对乡村旅游发展认知持消极态度时，会倾向于退出经营。主要感知因子包括：市场前景、产品升级、市场竞争、社区转变、旅游发展依托设施项目。近些年，传统农家院逐渐被周边精品民宿、农村庄园等新业态产品取代，市场竞争激烈，发展前景极不乐观，传统经营户产品升级能力不足，旅游发展依赖的设施与配套娱乐项目缺乏，不能够应对日益变化的市场需求，在农村社区内出现大范围的退出经营现象，这种现象又加深社区个体对旅游发展的消极认知，更不愿意升级乡村旅游，构成了消极认知到经营退出的循环过程。

第四，政府支持度认知因素。政府支持度认知因素是指经营者个体或家庭对政府旅游发展支持程度的认知，会影响经营者的退出意愿和持续经营意愿。具体感知因子包括政策支持度、政府管理能力以及旅游培训。在访谈中发现，有经营者认为政府不像以前鼓励和大力支持本村的旅游发展，反而追加诸多束缚，如"不让扩建"。面对消极的市场情况，政府管理能力有限，经营者误认为"领导不作为"。曾经的免费旅游培训福利也逐渐沦为"表面上的那些事"，用处"不是那么大"。

第五，旅游经营特征认知因素。旅游经营特征认知因素表现为经营过程中感知到的旅游就业特点可能会让经营者产生退出经营行为。具体感知因子包括旅游工作性质、经营效益以及就业季节性。旅游业是劳动密集型产业，对劳动者的数量、体力要求相对较高，本村的经营者普遍认为旅游就业太辛苦，虽然他们想以雇佣的形式解决，但是旅游业的季节性决定了就业的季节性，因而无法长期雇人帮助，在市场普遍萧条的背景下，他们也无法支付高昂的雇工成本。

第六，城市就业认知因素。城市就业认知因素是指经营者个体及家人对城市就业特征的认知会影响乡村旅游就业，出现城市非农产业与乡村旅游业争夺劳动力的现象。农村劳动力向城市迁移是中国乃至世界的正常现象。访谈发现，农家院经营者认为，在城市不仅可以让孩子上城里的"有名学校"，同时城市便捷的交通系统让通勤与生活都更加方便，而且在城市就业可以享受"五险一金"和较高的收入水平，具有养老保障，所以相比经营农家院，他们更支持子女在城市就业。

5. 麻峪房乡村旅游经营户退出的启示

乡村旅游劳动力的某些特征（如衰老、精力下降）是生命自然变化的结果，无法改变也不需要改变。劳动力在家庭经济压力减少、个人精力体力衰退的情况下追求休闲生活价值，或者在有能力的情况下追求更优质的城市生活，退出乡村旅游是社会进步的表现，无须改变。对那些想要持续参与乡村旅游，却因为能力不足、时间有限、农村基础条件不理想、政策不支持等受到限制的农村劳动力，则需要社会、政府提供帮助。乡村旅游离不开农村人的参与，更离不开政府的支持引导，要想乡村旅游能够有效促进农村劳动力的就地转移，需要政府从根本上改善乡村旅游的就业环境和生存环境。

第五章

旅游活动退出核心机制与必要性

旅游活动退出的核心机制

旅游活动退出与旅游开发或发展相对,受多种因素的影响,表现出不一样的形式与特征。通过总结各种已发生的旅游活动退出事件,我们初步提出,"变化"和"选择"是旅游活动退出机制的核心。简单地说,旅游活动退出就是旅游发展要素变化后的一种选择。

第一,关于变化。需求、区位、资源、理念、法规等因素的变化,会对旅游活动或旅游业产生影响。旅游活动在特定条件下将不宜继续开展,或者需要相应调整。

第二,关于选择。旅游活动中的相关主体,均在特定条件下进行选择和博弈。选择既包括经济利益和其他利益之间的选择,也包括近期利益(局部利益)与远期利益(整体利益)的选择,还包括不同理念、约束和博弈规则下的选择。近年来,关于旅游"资源诅咒"等负面作用的研究都在提供对旅游发展更加全面的认识。

(一)发展因素变化导致发展路径改变

旅游活动退出本身体现了一种动态变化过程:从旅游活动发展向旅游活动部分减少或完全减少的过程。旅游活动退出是这一动态过程的最终结果,这个过程是由一系列因素变化引起的,即旅游业或旅游活动发展所依赖的因素发生改变,对旅游业和旅游活动产生了影响,在新的环境条件下,旅游活动不适宜再按照以往的模式继续开展,需要做出相应调整以适应新的环境。引起这个过程的变化因素有以下几个:

1. 旅游市场和需求的变化

旅游需求是决定旅游地产生、发展和消亡的最重要的客观因素之一，忽视或缺乏对需求市场的研究及迎合，将会导致旅游经营的失败[①]。旅游者需求和旅游偏好时刻发生变化，曾经热门的旅游地或旅游产品若不能及时跟上市场的变化，必将走向失败的困境。

2. 经营者的变化

旅游经营者年龄增长所导致的体力、精力和能力等的衰退，以及经营者生活观念的变化、家庭结构的变化、收入结构的变化和对旅游发展态度的转变等都会引起旅游经营退出。

3. 发展理念的变化

旅游业曾一度被认为是"绿色产业""无烟产业"，近年来，随着相关研究的进行，旅游业的环境污染与破坏、负面经济影响、消极社会文化影响等被逐渐揭示[②③④]。环境保护意识、可持续发展观念和资源文化保护意识、社区居民增权理念等的加强也令相关旅游活动被禁止或限制。

4. 资源的变化

旅游资源和环境是旅游业和旅游活动发展的基础。由自然因素（如地震、海啸等）和人为因素造成的旅游资源和环境的破坏，会导致旅游活动难以再次展开，如过度旅游造成的植被死亡、草原裸露等对生态资源不可修复的破坏会使草原旅游难以为继。

5. 法规的变化

旅游基本法、行政法规和部门规章、省级地方旅游法律法规中涉及

---

① 谢彦君. 旅游地生命周期的控制与调整[J]. 旅游学刊, 1995：41-44, 60.

② 陆净岚, 陆均良, 李云云. 旅游景区生态环境影响国外研究述评[J]. 经济地理, 2009, 29（1）：130-133, 152.

③ 依绍华. 旅游业的负面经济效应分析[J]. 桂林旅游高等专科学校学报, 2004（5）：11-12, 27.

④ 张晓萍, 刘德鹏. 人类学视野中的旅游对目的地负面影响研究述评[J]. 青海民族研究, 2010（21）：14-19.

旅游资源保护、旅游环境保护、旅游参与主体利益保护的规定越来越多，这些都在一定程度上促进了"不良"旅游活动的退出。

6. 政治等其他因素的变化

政局的动荡、国家关系的紧张、经济的衰退、政策的变化、地震等重大灾害的后续影响导致旅游活动的长期变化。

(二) 相关主体对利益最大化的重新选择

旅游活动退出也是相关旅游主体对利益的选择结果。

从旅游者角度，旅游活动退出是旅游者选择不在某处继续旅游活动，是旅游者基于时间、金钱、精力等各种支出的综合考量的最优选择。

从旅游经营者角度，旅游活动退出是不再经营某项旅游或缩小旅游经营范围，是其针对所掌握的资源做出的最优配置。

从旅游管理者角度，旅游活动退出是其协调各旅游相关主体利益，追求社会效益、经济效益、生态效益最大化的必然选择。

"选择"贯穿于旅游发展全过程，旅游活动退出只是某一阶段为获取综合效用最大化的手段。

建立旅游活动退出机制的必要性

关于以法律法规的形式建立旅游业或旅游活动退出的机制，近几年屡被提起，也受到了业界和专家学者的一致肯定。针对"山海关景区被取消5A级资质"一事，中国社会科学院旅游研究中心学术顾问刘德谦认为，取消5A级资质和警告多家5A级景区是原国家旅游局对旅游市场秩序问题的主动作为和积极回应，也是推动地方政府及相关部门提升景区服务管理的有力抓手和重要举措。北京联合大学旅游学院副院长张凌云认为，5A级旅游景区摘牌开了个好头，显示了国家旅游局对A级旅游景区实行动态化管理和建立退出机制的决心，真正让5A级旅游景区有了危机感。北京交通大学经济管理学院旅游管理系教授王衍用认为，5A级旅游景区建立退出机制且真正实施在全国政府类评选中开了先河，起到了示范带头作用。[①]

我们认为，建立旅游活动退出机制法律法规是旅游发展到一定阶段的历史必然，是适应旅游发展环境变化的需要和促进旅游朝成熟化、理性化、科学化发展的手段。

（一）部分旅游活动退出有利于行业与市场治理

法律法规中关于不遵守旅游行业规则的规定对旅游从业人员具有震慑作用。个人或者企业一旦违法或者违规，就会因此付出巨大代价，甚至可能会失去旅游从业或旅游经营的资格，因而建立退出机制能够从源头上遏制旅游乱象的产生。

（二）特定旅游活动退出有利于相关资源保护

旅游退出机制不仅对旅游者的行为具有约束性，也能提高旅游管理者对资源的重视度。机制中应当规定对旅游者的不文明行为进行相应处罚，包括限制旅游、限制旅游消费场所与金额等，令那些破坏旅游资源和环境的旅游者被迫远离旅游资源。同时，对于未尽到资源保护责任的保护单位和管理部门进行处罚，也能够使其体会到不重视资源保护的后果。

（三）旅游活动合理进退有利于行业良性发展

动态退出机制的建立会令某些无所作为的管理者、肆无忌惮的经营者、得过且过的从业者萌生危机感，促使他们"在其位，谋其职"，提升职业素养和管理能力，努力做好本职工作，否则将面临被处罚甚至是

---

① 徐万佳.5A级景区退出机制被"激活"，业界咋看？[N].中国旅游报，2015-10-12.

被淘汰出旅游行业的结局，从而提高整个旅游行业的服务水平、质量管理水平。另外，为了应对旅游活动退出（如目的地的衰落）去开发新的未开发的旅游资源（如发掘冷门景点、开辟新路线），或者升级传统旅游产品，也能促进旅游业的转型发展。

（四）旅游活动有序进退有利于社会资源合理配置

当某种旅游资源被市场淘汰走向衰退时，可能会激发经营者改变传统经营方式去吸引游客，如扩大宣传促销，也可能会促使其放弃原有失去吸引力的资源，将资本、劳动力等转置，去开发新的旅游资源提高吸引力，或者投入到其他能够获得更高收益的行业，从而提高资本和劳动力等社会资源的收益。

（五）特定形势下旅游活动的退出有利于维护目的地社会安定

旅游地过度发展旅游给当地居民带来了巨大的困扰，引起了许多旅游区居民的抗议行为与抵制活动，恶化了居民与旅游者的关系，甚至引起本地居民的"出走"行为。旅游活动的退出让原本属于本地居民的空间和利益归还于民，不仅能够安定当地居民情绪，缓和东道主和旅游者的尖锐矛盾关系，也能够促进当地旅游的长久发展。

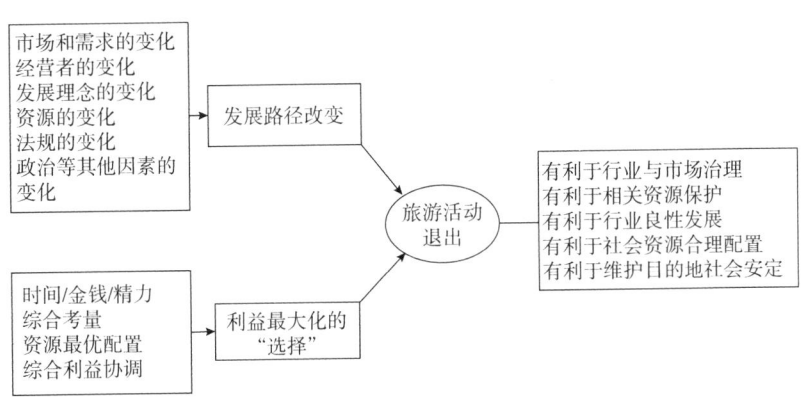

图 5-1 旅游活动退出核心机制与必要性框架

第六章

旅游活动退出的应对
——遗产地旅游业退出的补偿机制框架探讨

一
遗产地旅游业退出问题的背景

遗产是前人留给后代加以传承的东西①。这其中，既有自然环境方面的内容，也有文化方面的内容，还有非物质形态的内容。遗产的概念随着时代的发展也在发生变化，其范围和内涵不断扩展。同时，遗产的商业用途被越来越多地开发利用起来。遗产旅游是对遗产的一种利用方式。所谓遗产旅游，是"关注我们所继承的一切能够反映这种继承的物质与现象，从历史建筑到艺术工艺、优美的风景等的一种旅游活动"，它已成为旅游活动和旅游研究的热点之一②。遗产旅游研究的一个主要内容是研究制定合理的遗产管理与开发模式，解决好遗产的保护与开发的关系。究其原因，乃是旅游开发与遗产之间存在复杂矛盾，化解这一矛盾又不能通过简单排除旅游活动来进行。也就是说，对遗产地而言，旅游活动对于遗产保护来说常常是"万恶之源"，但又是极其"难以割舍"的，要实现保护与开发的协调，操作起来十分困难，稍有不慎，便会导致不可逆转的损失和遗憾。

关于遗产的保护与开发，保护优先于开发是业界的基本共识③，但是在操作过程中，利益的驱使与合理机制的缺失往往造成保护与开发间矛盾重重。我国的世界遗产开发主要集中在旅游开发方面，出现了"丽江模式""平遥模式""黄山模式"等旅游开发模式④。关于旅游开发应

---

① 邹统钎. 遗产旅游发展与管理 [M]. 北京：中国旅游出版社，2010.
② 张朝枝，保继刚. 国外遗产旅游与遗产管理研究——综述乡启示 [J]. 旅游科学，2004，18（4）.
③ 邹统钎. 旅游景区开发与管理 [M]. 北京：清华大学出版社，2008：193-208.
④ 冷志明等. 我国世界遗产地的旅游研究进展及展望 [J]. 人文地理，2009（6）：111-114.

取的位置和模式始终是研究与讨论的焦点之一。很多研究者认为,将遗产保护和旅游经营两者拆分出来效果较好,由专门企业经营遗产旅游能够使旅游开发效率提升,并反过来促进遗产资源的保护①,应进一步按照此类思路推进遗产管理体制改革,实现要素资源的合理流动②。在此方面出现了碧峰峡等地的成功模式③,也出现了矛盾激化,经营者被迫退出的教训。人们认识到,遗产本身并不等同于旅游资源④,遗产旅游开发并不是必然的,但也认识到旅游是实现遗产教育的基本途径⑤。有研究提出遗产区的"四权分离",即遗产所有权归国家,管理权归行政主管部门,经营权由市场运行,并建立监督保护体系⑥。有学者不赞同"四权分离",认为"遗产的旅游展示类服务"事务应由遗产单位进行非营利性经营,遗产区外的"非遗产展示类旅游服务"事务(行、住、食、购、娱等)应交由旅游公司、当地政策、周边社区进行营利性经营,当遗产区内的"非遗产展示类旅游服务"事务规模较大时,可以特许经营方式交由非遗产单位进行营利性经营⑦。实践表明,遗产地采取怎样的保护与开发经营模式,旅游业是进是退,并不能找到简单的模式去划定和套用。要解决遗产保护与旅游开发的矛盾,必须根据遗产地的具体特征和条件,制定一种"补偿机制",使两者的相互进退和协调得以真正实现,最终才能获得一种平衡。因此,探讨一些遗产地的旅游业退出补偿机制,是保护和传承遗产的迫切需要,是实现遗产地非旅游化的前提,也是实现遗产旅游在一定框架内合理发展的必要条件。

---

① 韩卢敏. 关于旅游资源经营权转让的探讨 [J]. 亚太经济, 2004 (S1): 86-87.
② 魏小安等. 发展旅游和遗产保护能否"双赢" [N]. 中国旅游报, 2002-12-11.
③ 徐嵩龄. 论碧峰峡旅游开发模式的意义 [J]. 四川大学学报(社会科学版), 2005 (1): 41-47.
④ 谢凝高. "世界遗产"不等同于旅游资源 [J]. 北京规划建设, 2001 (6): 58-59.
⑤ 尹国蔚. 世界遗产旅游教育功能的认知与实践 [J]. 世界地理研究, 2009 (12): 173-176.
⑥ 王兴斌. 中国自然文化遗产管理模式的改革 [J]. 旅游学刊, 2002 (5): 16-21.
⑦ 徐嵩龄. 中国遗产旅游业的经营制度选择——兼评"四权分离与制衡"主张 [J]. 旅游学刊, 2003 (4): 30-37.

第六章 旅游活动退出的应对——遗产地旅游业退出的补偿机制框架探讨

遗产地旅游业退出的基本方式与损失

（一）旅游业退出的基本形式

遗产地旅游业退出的基本形式包括两类：一类是进行限制，使旅游活动部分退出；另一类是禁止开发，使旅游活动完全退出。通常见到的形式包括：①通过价格调节等方式对旅游活动的强度进行限制，如一些遗产地根据环境承载力或环境容量的研究设定游客数量的限额；②通过分区管理的方式限定旅游活动的空间范围，并且在不同性质的空间内实现不同的旅游活动强度控制，如自然保护区中常见的核心区、缓冲区、实验区的划分；③通过管理权的回收使商业经营者部分退出，加强政府、社区、专业机构等非商业性机构的管理主导权，降低商业开发的强度和风险，如社区参与决策的形式；④通过法律手段与分区管理相结合，划定各类保护区、禁止活动区，将游客活动排除在这些区域之外，如划定一定的封山育林区等形式；⑤通过活动权限设置，如仅限于研究专家和管理人员进入，使旅游活动被基本排除出去。

（二）旅游业退出的损失

旅游业退出遗产地，由于会产生利益相关者和遗产本身的损失，因而会遇到阻力和障碍，这也使"保护与开发"问题成为长期议题。这种损失总体上包括以下三个方面：

第一，体验损失。旅游业的退出，首先使旅游者的体验受到减损。对旅游活动空间和时间的限制，使游客感到不能尽兴，不能接触遗产的核心与实质，甚至丧失体验遗产的机会。对旅游基础设施和服务设施开发的限制，使游客不能获得足够的游览服务和保障，也降低了游客的体验收获。较少的旅游项目，使遗产旅游的体验达不到游客期望的效果，不能使旅游者满意。

第二，利益损失。对旅游活动的限制和禁止，直接导致遗产地旅游收入的减少，而这种收入往往是遗产保护资金的主要来源。旅游业的收益同时也是遗产地保护遗产的主要驱动力之一。遗产地社区居民往往依赖旅游开发经营获得经济收入和社会发展资金，旅游业的退出将影响社区居民的生计和发展机会，这种损失也可能反过来对遗产本身造成损害。一些从事遗产管理的地方政府、专业机构和社区，也通过旅游经营收益维持自身运转，旅游业的退出将直接导致遗产保护和发展的运转发生困难，甚至活动停滞。旅游业的退出同时使相关投资者、经营者和本地就业者遭受打击，使遗产地经济和社会发展陷入困境。

第三，价值损失。即使不考虑各方的现实损失，旅游业从遗产地退出，很多时候也与遗产价值实现的内在要求相悖。遗产是历史留给后人的财富，一些遗产具有人类共享的公共物品属性，遗产的价值是在为人们享用的过程中体现和发挥出来的。如果一概将遗产隔绝封闭起来，不让人们接触、欣赏和享用，那遗产的存在便失去了意义。

以上三个方面的损失，是旅游业退出遗产地所面临的基本矛盾。要使旅游业退出遗产地的措施可操作、可管理和可持续实施的关键在于制定应对以上损失的补偿机制。

第六章 旅游活动退出的应对——遗产地旅游业退出的补偿机制框架探讨

遗产地旅游业退出的补偿机制框架

(一) 体验补偿

1. 空间补偿

在旅游业退出的空间之外，对游客进行其他活动空间的补偿。例如分区管理模式，在划定保护空间、限制游客活动的同时，大力加强非限制区的建设，制订具体有效的方案，使游客在允许活动的空间范围内获得更加丰富和深刻的旅游体验。只有实验区的开发足够到位，保护区才能真正幸免于被破坏。再如博物馆模式，将遗产地的核心要素集中到一个精心布置的小空间上来，使游客以较小的旅行代价获得足够丰富的遗产体验，避免与易受破坏的遗产地直接接触。阳朔西街和北京什刹海的经验表明，在经过集中的商业开发的一些特定空间，游客也能够体验到丰富而深刻的当地文化内容，并且体验效果往往优于直接到广阔的遗产地去做大范围的直接接触。

2. 空间移植与副本建造

一些遗产要素可以通过空间移植的方式，到异地集中展示，供游客活动和体验。例如，主题公园模式能够满足一部分游客的体验需求；也可采用博物馆和图书馆的常用方式，对类似于镇馆之宝的一些孤本、古本预先制作副本，将游客活动主要限制于副本。

3. 时间补偿

通过价格条件和营销策略，使游客活动的时间更为均匀合理，由此扩大总的游客容量，使游客获得容量限制的相应补偿。例如，中国北方地区均有显著的淡旺季差异，时间补偿是在不增加遗产地负担的同时增大游客容量的主要潜力方向之一。

4. 解说补偿

遗产的解说能够让游客更加了解他们所游览的地方，一边传授知识一边提高游客的理解力，以及提高游客兴趣，增加其愉悦感乃至强化其责任感。遗产解说是遗产地建设的重要内容。解说补偿，即是通过完善和高水平的解说系统，增加游客对遗产价值的理解，使游客在相对低强度的旅游活动过程中获得更大的信息量，即在不增加旅游活动强度的同时提高旅游体验收益，同时也增强服从旅游限制规则的自觉意识。高水平的解说系统也能够在一定条件下替代部分旅游活动。

5. 活动内容与体验补偿

一些游客的某些体验活动可由另一些活动来替代和补充，通过丰富多彩的文化活动、娱乐休闲活动、参与性活动，可补偿遗产地限制活动带来的体验损失。阳朔西街和北京什刹海的经验也表明，丰富多彩的娱乐活动和参与性活动，能够使一般游客获得满意的旅游体验，这种对真实性的构建方式也是一般游客所能够接受的。这种活动内容与体验的补偿，至少能够大大减少游客进入"后台"的欲望。阳朔的"印象刘三姐"演出和西街的休闲娱乐项目的发展，甚至使游客收获到更多更精彩、满意的旅游体验。

6. 信息补偿和虚拟旅游

虚拟旅游是在信息技术发展到一定阶段产生的。敦煌壁画由于其严重的脆弱性执行了极为严格的游客限制措施，目前正在进行虚拟旅游的开发工作。通过虚拟旅游，既避免了游客与遗产地的直接接触，也通过信息保存的方式为未来遗产保护提供了一种方式。目前虚拟旅游的相关技术仍在发展过程之中，尚未达到游客普遍接受和部分替代现实旅游的程度。另外，信息丰富完善、渠道灵活自由、界面亲切逼真的其他信息媒介，如触摸电子材料、印刷品、影视作品等，也将在未来很大程度上代替真实遗产传递遗产价值，使游客获得一定的体验补偿。

7. 遗产分类分级管理

根据遗产的公共属性、唯一性、濒危性等特征对遗产进行分类分级管理。在严格限制一部分遗产地的旅游活动的同时，相应地加强另一部分遗产地的旅游开发水平，使其发挥一定的对游客和民众进行体验补偿的作用。

（二）利益补偿

1. 保护者和管理者权益补偿

通过对遗产的分级分类管理，对高级别的遗产实行政府主导的公共管理，投入财政资金补偿管理经费的损失。通过减员增效、区外经营补偿等方式，增强遗产管理机构的运营能力。通过价格调节等手段，在减少旅游强度的同时相对提高部分遗产地的收入。建立国家层面的遗产地"转移支付"机制，将热门遗产旅游景区的收入部分投入冷门遗产旅游景区的保护和运营上来。根据一些欧洲国家的经验，对部分遗产实行属地管理，并吸纳社会团体和个人力量参与遗产管理和经营，由此使国家资源集中到高层级遗产的管理上来。通过对游客和社会民众的教育，提高游客的保护意识和旅游体验水平，增强游客服从限制规则的自觉性，减少遗产管理的成本。

2. 经营者利益补偿

鼓励经营者发展"增量"资源，支持其发展"实验区项目"，支持其在遗产地外围发展类似于"印象刘三姐"和"西街"等文艺演出和休闲娱乐项目。相关研究也认为，遗产区的遗产展示服务应由遗产单位进行非营利性经营，而在遗产区外可以进行非遗产类旅游服务和项目开发，如食、宿、行、游、购、娱等，由企业进行营利性经营。这其中就包含了一种利益的补偿机制。对部分遗产地，还应在旅游经营者经营内容之外，另外拨付保护资金和限制旅游活动的适当补偿，并制定检查机制,进行监督。

3. 社区利益补偿

通过分级分类管理方式,对于高级别重点遗产地,由国家财政划拨社区发展补偿资金,制定"非旅游扶贫"政策,帮助发展"外围产业";对于一般遗产地,在遗产价值和保护状态普查的基础上,鼓励其在一定法规约束下的经营活动。建立全国范围内类似于环保局的遗产管理机构,与遗产所属部门和地区并行存在和实施管理,主要发挥调查、立法研究、监督等职责。

(三) 价值补偿

1. 博物馆体系功能强化

在国家统一标准和长期规划之下,逐步建立遗产地博物馆体系。率先建立高级别重点遗产地博物馆体系,使遗产地均拥有一个核心价值传播平台和保护与研究基地,研究博物馆加强参与性与体验性的模式与方法。

2. 专家与传媒模式

对部分特殊遗产地,可使大众旅游活动退出,仅由国家统一授权的专家进入调查和研究,再由专家和媒体将加工后的遗产信息传播给大众。同时,在遗产价值的传播过程中,遗产解说也起着不可或缺的作用,而且,遗产的一些科学价值、历史价值等,事实上只有经过好的解说系统才能够为人们所获得[1]。

3. 数字化传承与虚拟旅游模式

大力发展遗产数字化系统,以此同步进行遗产的保护保存和价值传播。开展虚拟旅游的研发与实践,更多地发挥对部分现实旅游的替代作用。欧洲、美国和日本等国家和地区已经在遗产数字化和虚拟旅游方面

---

[1] 遗产旅游 [M]. 程尽能译. 北京:旅游教育出版社,2007:276.

进行了国家层面的试验和推进。从1986年开始，欧盟委员会就开始支持文化遗产数字化工程。法国等国家启动了国家图书馆、博物馆等数字化的计划。美国于2000年成立虚拟遗产网络，大大推进了遗产数字化和虚拟旅游技术的交流与发展。2002年，联合国教科文组织成功举办了"虚拟世界遗产国际会议"，标志着虚拟旅游模式成为国际上共同认可和期待的遗产保护与发展模式。中国的敦煌莫高窟等也进行了遗产数字化和虚拟旅游的工作。

四 未来的方向

旅游业部分退出遗产地的实践，还需要在机制、机构、政策、环境和技术等方面有相应的发展与构建。未来一段时期，至少有以下领域应当成为研究和实践的重要领域：

第一，推进分级分类管理。对遗产地的保护与管理，简单讨论某种模式缺乏实践意义，应根据具体情况作分类精准处理。至少应根据遗产保护差距（GAP）进行分区管理；自然遗产、文化遗产、非物质遗产分类管理；国家级遗产实行集权化管理，地方级遗产属地化分级管理；公益业务事务化管理，盈利业务市场化管理。

第二，探索科学决策机制。应研究建立国家层面的遗产管理机构，进行全国遗产普查，执行调查、立法研究、监督等职责。尽快建立国家遗产管理法规和相应的技术标准，发展出适应主要遗产类型的科学决策机制模式。

第三，发展虚拟旅游技术。鼓励相关机构与企业的技术研发，推进在敦煌等遗产地的研发实践。力争实现虚拟旅游技术在遗产地的现实运用，并产生实际的科学价值和产业价值。

第四，普及遗产旅游教育。在教育和宣传领域普及遗产保护和欣赏知识，提高遗产保护和利用的自觉性、规范性，实现民众的合理有序参与，减少遗产遭遇破坏的风险。

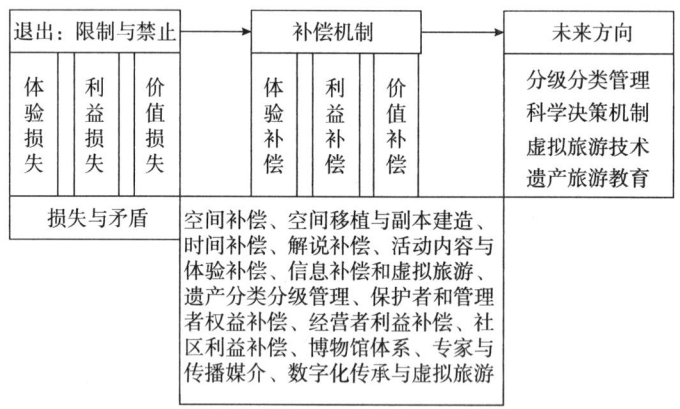

图 6-1　旅游业退出遗产地的补偿机制框架

附 录

相关政策法律法规公约文件汇编

附录一　中华人民共和国旅游法（2013）

[中华人民共和国主席令（第3号）]

（节选）

第四条　旅游业发展应当遵循社会效益、经济效益和生态效益相统一的原则。国家鼓励各类市场主体在有效保护旅游资源的前提下，依法合理利用旅游资源。利用公共资源建设的游览场所应当体现公益性质。

第五条　国家倡导健康、文明、环保的旅游方式，支持和鼓励各类社会机构开展旅游公益宣传，对促进旅游业发展做出突出贡献的单位和个人给予奖励。

第六条　国家建立健全旅游服务标准和市场规则，禁止行业垄断和地区垄断。旅游经营者应当诚信经营，公平竞争，承担社会责任，为旅游者提供安全、健康、卫生、方便的旅游服务。

第十四条　旅游者在旅游活动中或者在解决纠纷时，不得损害当地居民的合法权益，不得干扰他人的旅游活动，不得损害旅游经营者和旅游从业人员的合法权益。

第二十一条　对自然资源和文物等人文资源进行旅游利用，必须严格遵守有关法律、法规的规定，符合资源、生态保护和文物安全的要求，尊重和维护当地传统文化和习俗，维护资源的区域整体性、文化代表性和地域特殊性，并考虑军事设施保护的需要。有关主管部门应当加强对资源保护和旅游利用状况的监督检查。

第四十五条　景区接待旅游者不得超过景区主管部门核定的最大承载量。景区应当公布景区主管部门核定的最大承载量，制定和实施旅游者流量控制方案，并可以采取门票预约等方式，对景区接待旅游者的数量进行控制。

旅游者数量可能达到最大承载量时，景区应当提前公告并同时向当地人民政府报告，景区和当地人民政府应当及时采取疏导、分流等措施。

第六十二条　订立包价旅游合同时，旅行社应当向旅游者告知下列事项：

（一）旅游者不适合参加旅游活动的情形；

（二）旅游活动中的安全注意事项；

（三）旅行社依法可以减免责任的信息；

（四）旅游者应当注意的旅游目的地相关法律、法规和风俗习惯、宗教禁忌，依照中国法律不宜参加的活动等；

（五）法律、法规规定的其他应当告知的事项。

第八十四条　旅游主管部门履行监督管理职责，不得违反法律、行政法规的规定向监督管理对象收取费用。

旅游主管部门及其工作人员不得参与任何形式的旅游经营活动。

附录二　中华人民共和国土地管理法（2004）

[中华人民共和国主席令（第28号）]

（节选）

第三条　十分珍惜、合理利用土地和切实保护耕地是我国的基本国策。各级人民政府应当采取措施，全面规划，严格管理，保护、开发土地资源，制止非法占用土地的行为。

第四条　国家实行土地用途管制制度。

国家编制土地利用总体规划，规定土地用途，将土地分为农用地、建设用地和未利用地。严格限制农用地转为建设用地，控制建设用地总量，对耕地实行特殊保护。

前款所称农用地是指直接用于农业生产的土地，包括耕地、林地、草地、农田水利用地、养殖水面等；建设用地是指建造建筑物、构筑物的土地，包括城乡住宅和公共设施用地、工矿用地、交通水利设施用地、旅游用地、军事设施用地等；未利用地是指农用地和建设用地以外的土地。

第十七条　各级人民政府应当依据国民经济和社会发展规划、国土整治和资源环境保护的要求、土地供给能力以及各项建设对土地的需求，组织编制土地利用总体规划。

土地利用总体规划的规划期限由国务院规定。

第十二条　依法改变土地权属和用途的，应当办理土地变更登记手续。

第十九条　土地利用总体规划按照下列原则编制：

（一）严格保护基本农田，控制非农业建设占用农用地；

（二）提高土地利用率；

（三）统筹安排各类、各区域用地；

（四）保护和改善生态环境，保障土地的可持续利用；

（五）占用耕地与开发复垦耕地相平衡。

第二十条　县级土地利用总体规划应当划分土地利用区，明确土地用途。乡（镇）土地利用总体规划应当划分土地利用区，根据土地使用条件，确定每一块土地的作用，并予以公告。

第二十二条　城市建设用地规模应当符合国家规定的标准，充分利用现有建设用地，不占或者尽量少占农用地。

城市总体规划、村庄和集镇规划，应当与土地利用总体规划相衔接，城市总体规划、村庄和集镇规划中建设用地规模不得超过土地利用总体规划确定的城市和村庄、集镇建设用地规模。

在城市规划区内、村庄和集镇规划区内，城市人村庄、集镇建设用地应当符合城市规划、村庄和集镇规划。

第二十三条　江河、湖泊综合治理和开发利用规划，应当与土地利用总体规划相衔接。在江河、湖泊、水库的管理和保护范围以及蓄洪滞洪区内，土地利用应当符合江河、湖泊综合治理和开发利用规划，符合河道、湖泊行洪、蓄洪和输水的要求。

第二十四条　各级人民政府应当加强土地利用计划管理，实行建设用地总量控制。

土地利用年度计划，根据国民经济和社会发展计划、国家产业政策、土地利用总体规划以及建设用地和土地利用的实际状况编制。土地利用年度计划的编制审批程序与土地利用总体规划的编制审批程序相同，一经审批下达，必须严格执行。

第二十六条　经批准的土地利用总体规划的修改，须经原批准机关批准；未经批准，不得改变土地利用总体规划确定的土地用途。

经国务院批准的大型能源、交通、水利等基础设施建设用地，需要改变土地利用总体规划的，根据国务院的批准文件修改土地利用总体规划。

经省、自治区、直辖市人民政府批准的能源、交通、水利等基础设施建设用地，需要改变土地利用总体规划的，属于省级人民政府土地利用总体规划批准权限内的，根据省级人民政府的批准文件修改土地利用总体规划。

第三十六条 非农业建设必须节约使用土地，可以利用荒地的，不得占用耕地；可以利用劣地的，不得占用好地。

禁止占用耕地建窑、建坟或者擅自在耕地上建房、挖砂、采石、采矿、取土等。

禁止占用基本农田发展林果业和挖塘养鱼。

附录三　中华人民共和国自然保护区条例（2017年修订）

[中华人民共和国国务院令（第687号）]

（节选）

第二条　本条例所称自然保护区，是指对有代表性的自然生态系统、珍稀濒危野生动植物物种的天然集中分布区、有特殊意义的自然遗迹等保护对象所在的陆地、陆地水体或者海域，依法划出一定面积予以特殊保护和管理的区域。

第七条　县级以上人民政府应当加强对自然保护区工作的领导。

一切单位和个人都有保护自然保护区内自然环境和自然资源的义务，并有权对破坏、侵占自然保护区的单位和个人进行检举、控告。

第十四条　自然保护区的范围和界线由批准建立自然保护区的人民政府确定，并标明区界，予以公告。

确定自然保护区的范围和界线，应当兼顾保护对象的完整性和适度性，以及当地经济建设和居民生产、生活的需要。

第十八条　自然保护区可以分为核心区、缓冲区和实验区。

自然保护区内保存完好的天然状态的生态系统以及珍稀、濒危动植物的集中分布地，应当划为核心区，禁止任何单位和个人进入；除依照本条例第二十七条的规定经批准外，也不允许进入从事科学研究活动。

核心区外围可以划定一定面积的缓冲区，只准进入从事科学研究观测活动。

缓冲区外围划为实验区，可以进入从事科学试验、教学实习、参观考察、旅游以及驯化、繁殖珍稀、濒危野生动植物等活动。

原批准建立自然保护区的人民政府认为必要时，可以在自然保护区的外围划定一定面积的外围保护地带。

第二十二条 自然保护区管理机构的主要职责：（六）在不影响保护自然保护区的自然环境和自然资源的前提下，组织开展参观、旅游等活动。

第二十五条 在自然保护区内的单位、居民和经批准进入自然保护区的人员，必须遵守自然保护区的各项管理制度，接受自然保护区管理机构的管理。

第二十六条 禁止在自然保护区内进行砍伐、放牧、狩猎、捕捞、采药、开垦、烧荒、开矿、采石、挖沙等活动；但是，法律、行政法规另有规定的除外。

第二十七条 禁止任何人进入自然保护区的核心区。因科学研究的需要，必须进入核心区从事科学研究观测、调查活动的，应当事先向自然保护区管理机构提交申请和活动计划，并经自然保护区管理机构批准；其中，进入国家级自然保护区核心区的，应当经省、自治区、直辖市人民政府有关自然保护区行政主管部门批准。

自然保护区核心区内原有居民确有必要迁出的，由自然保护区所在地的地方人民政府予以妥善安置。

第二十八条 禁止在自然保护区的缓冲区开展旅游和生产经营活动。因教学科研的目的，需要进入自然保护区的缓冲区从事非破坏性的科学研究、教学实习和标本采集活动的，应当事先向自然保护区管理机构提交申请和活动计划，经自然保护区管理机构批准。

从事前款活动的单位和个人，应当将其活动成果的副本提交自然保护区管理机构。

第二十九条 在自然保护区的实验区内开展参观、旅游活动的，由自然保护区管理机构编制方案，方案应当符合自然保护区管理目标。

在自然保护区组织参观、旅游活动的，应当严格按照前款规定的方案进行，并加强管理；进入自然保护区参观、旅游的单位和个人，应当服从自然保护区管理机构的管理。

严禁开设与自然保护区保护方向不一致的参观、旅游项目。

第三十条 自然保护区的内部未分区的，依照本条例有关核心区和缓冲区的规定管理。

第三十一条 外国人进入自然保护区，应当事先向自然保护区管理机构提交活动计划，并经自然保护区管理机构批准；其中，进入国家级自然保护区的，应当经省、自治区、直辖市环境保护、海洋、渔业等有关自然保护区行政主管部门按照各自职责批准。

进入自然保护区的外国人，应当遵守有关自然保护区的法律、法规和规定，未经批准，不得在自然保护区内从事采集标本等活动。

第三十二条 在自然保护区的核心区和缓冲区内，不得建设任何生产设施。在自然保护区的实验区内，不得建设污染环境、破坏资源或者景观的生产设施；建设其他项目，其污染物排放不得超过国家和地方规定的污染物排放标准。在自然保护区的实验区内已经建成的设施，其污染物排放超过国家和地方规定的排放标准的，应当限期治理；造成损害的，必须采取补救措施。

在自然保护区的外围保护地带建设的项目，不得损害自然保护区内的环境质量；已造成损害的，应当限期治理。

限期治理决定由法律、法规规定的机关作出，被限期治理的企业事业单位必须按期完成治理任务。

附录四 中华人民共和国风景名胜区条例

[中华人民共和国国务院令（第474号）]

（节选）

第三条 国家对风景名胜区实行科学规划、统一管理、严格保护、永续利用的原则。

第六条 任何单位和个人都有保护风景名胜资源的义务，并有权制止、检举破坏风景名胜资源的行为。

第七条 设立风景名胜区，应当有利于保护和合理利用风景名胜资源。

新设立的风景名胜区与自然保护区不得重合或者交叉；已设立的风景名胜区与自然保护区重合或者交叉的，风景名胜区规划与自然保护区规划应当相协调。

第十一条 风景名胜区内的土地、森林等自然资源和房屋等财产的所有权人、使用权人的合法权益受法律保护。

申请设立风景名胜区的人民政府应当在报请审批前，与风景名胜区内的土地、森林等自然资源和房屋等财产的所有权人、使用权人充分协商。

因设立风景名胜区对风景名胜区内的土地、森林等自然资源和房屋等财产的所有权人、使用权人造成损失的，应当依法给予补偿。

第十三条 风景名胜区总体规划的编制，应当体现人与自然和谐相处、区域协调发展和经济社会全面进步的要求，坚持保护优先、开发服从保护的原则，突出风景名胜资源的自然特性、文化内涵和地方特色。

风景名胜区总体规划应当包括下列内容：

（一）风景资源评价；

（二）生态资源保护措施、重大建设项目布局、开发利用强度；

（三）风景名胜区的功能结构和空间布局；

（四）禁止开发和限制开发的范围；

（五）风景名胜区的游客容量；

（六）有关专项规划。

第二十一条　风景名胜区规划经批准后，应当向社会公布，任何组织和个人有权查阅。

风景名胜区内的单位和个人应当遵守经批准的风景名胜区规划，服从规划管理。

风景名胜区规划未经批准的，不得在风景名胜区内进行各类建设活动。

第二十四条　风景名胜区内的景观和自然环境，应当根据可持续发展的原则，严格保护，不得破坏或者随意改变。

风景名胜区管理机构应当建立健全风景名胜资源保护的各项管理制度。

风景名胜区内的居民和游览者应当保护风景名胜区的景物、水体、林草植被、野生动物和各项设施。

第二十五条　风景名胜区管理机构应当对风景名胜区内的重要景观进行调查、鉴定，并制定相应的保护措施。

第二十六条　在风景名胜区内禁止进行下列活动：

（一）开山、采石、开矿、开荒、修坟立碑等破坏景观、植被和地形地貌的活动；

（二）修建储存爆炸性、易燃性、放射性、毒害性、腐蚀性物品的设施；

（三）在景物或者设施上刻划、涂污；

（四）乱扔垃圾。

第二十七条　禁止违反风景名胜区规划，在风景名胜区内设立各类开发区和在核心景区内建设宾馆、招待所、培训中心、疗养院以及与风景名胜资源保护无关的其他建筑物;已经建设的,应当按照风景名胜区规划,逐步迁出。

第二十八条　在风景名胜区内从事本条例第二十六条、第二十七条禁止范围以外的建设活动,应当经风景名胜区管理机构审核后,依照有关法律、法规的规定办理审批手续。

在国家级风景名胜区内修建缆车、索道等重大建设工程,项目的选址方案应当报省、自治区人民政府建设主管部门和直辖市人民政府风景名胜区主管部门核准。

第二十九条　在风景名胜区内进行下列活动,应当经风景名胜区管理机构审核后,依照有关法律、法规的规定报有关主管部门批准:

（一）设置、张贴商业广告;

（二）举办大型游乐等活动;

（三）改变水资源、水环境自然状态的活动;

（四）其他影响生态和景观的活动。

第三十条　风景名胜区内的建设项目应当符合风景名胜区规划,并与景观相协调,不得破坏景观、污染环境、妨碍游览。

在风景名胜区内进行建设活动的,建设单位、施工单位应当制定污染防治和水土保持方案,并采取有效措施,保护好周围景物、水体、林草植被、野生动物资源和地形地貌。

第三十六条　风景名胜区管理机构应当建立健全安全保障制度,加强安全管理,保障游览安全,并督促风景名胜区内的经营单位接受有关部门依据法律、法规进行的监督检查。

禁止超过允许容量接纳游客和在没有安全保障的区域开展游览活动。

附录五　世界文化遗产保护管理办法（2006）

[中华人民共和国文化部令（第41号）]

（节选）

第三条　世界文化遗产工作贯彻保护为主、抢救第一、合理利用、加强管理的方针，确保世界文化遗产的真实性和完整性。

第十条　世界文化遗产中的文物保护单位，应当根据世界文化遗产保护的需要依法划定保护范围和建设控制地带并予以公布。保护范围和建设控制地带的划定，应当符合世界文化遗产核心区和缓冲区的保护要求。

第十一条　省级人民政府应当为世界文化遗产作出标志说明。标志说明的设立不得对世界文化遗产造成损害。世界文化遗产标志说明应当包括世界文化遗产的名称、核心区、缓冲区和保护机构等内容，并包含联合国教科文组织公布的世界遗产标志图案。

第十五条　在参观游览区内设置服务项目，应当符合世界文化遗产保护规划的管理要求，并与世界文化遗产的历史和文化属性相协调。服务项目由世界文化遗产保护机构负责具体实施。实施服务项目，应当遵循公开、公平、公正和公共利益优先的原则，并维护当地居民的权益。

附录六 保护世界文化和自然遗产公约

(联合国教科文组织1972年11月16日在巴黎通过)

(节选)

第四条 本公约缔约国均承认，保证第一条和第二条中提及的、本国领土内的文化和自然遗产的确定、保护、保存、展出和遗传后代，主要是有关国家的责任。

该国将为此目的竭尽全力，最大限度地利用本国资源，必要时利用所能获得的国际援助和合作，特别是财政、艺术、科学及技术方面的援助和合作。

第五条 为保证、保护、保存和展出本国领土内的文化和自然遗产采取积极有效的措施，本公约各缔约国应视本国具体情况尽力做到以下几点：

（一）通过一项旨在使文化和自然遗产在社会生活中起一定作用并把遗产保护工作纳入全面规划计划的总政策；

（二）如本国内尚未建立负责文化和自然遗产的保护、保存和展出的机构，则建立一个或几个此类机构，配备适当的工作人员和为履行其职能所需的手段；

（三）发展科学和技术研究，并制订出能够抵抗威胁本国文化或自然遗产的危险的实际方法；

（四）采取为确定、保护、保存、展出和恢复这类遗产所需的适当的法律、科学、技术、行政和财政措施；

（五）促进建立或发展有关保护、保存和展出文化和自然遗产的国家或地区培训中心，并鼓励这方面的科学研究。

第六条

（一）本公约缔约国，在充分尊重第一条和第二条中提及的文化和自然遗产的所在国的主权，并不使国家立法规定的财产权受到损害的同时，承认这类遗产是世界遗产的一部分，因此，整个国际社会有责任合作予以保护。

（二）缔约国根据本公约的规定，应有关国家的要求帮助该国确定、保护、保存和展出第十一条第二和四段中提及的文化和自然遗产。

（三）本公约各缔约国不得故意采取任何可能直接或间接损害本公约其他缔约国领土内的第一条和第二条中提及的文化和自然遗产的措施。

第十一条

（四）委员会应在必要时制订、更新和出版一份《处于危险的世界遗产目录》，其中所列财产均为载于《世界遗产目录》之中、需要采取重大活动加以保护并为根据本公约要求给予援助的财产。《处于危险的世界遗产目录》应载有这类活动的费用概算，并只可包括文化和自然遗产中受到下述严惩的特殊危险威胁的财产，这些危险是：蜕变加剧、大规模公共或私人工程、城市或旅游业迅速发展计划造成的消失威胁；土地的使用变动或易主造成的破坏；未知原因造成的重大变化；随意摈弃；武装冲突的爆发或威胁；灾害和灾变；严重火灾、地震、山崩；火山爆发；水位变动；洪水和海啸等。委员会在紧急需要时可随时在《处于危险的世界遗产目录》中增列新的条目并立即予以发表。

第十三条

（一）世界遗产委员会应接收并研究本公约缔约国就已经列入或可能适于列入第十一条第二和四段中提及的目录的该国领土内成为文化或自然遗产的财产要求国际援助而递交的申请。这种申请的目的可能是保证这类财产得到保护、保存、展出或恢复。

（四）委员会应制订其活动的优先顺序并在进行这项工作时应考虑到需予保护的财产对世界文化和自然遗产各具的重要性、对最能代表一种自然环境或世界各国人民的才华和历史的财产给予国际援助的必要性、所需开展工作的迫切性、拥有受到威胁的财产的国家现有的资源、特别是这些国家利用本国资源保护这类财产的能力大小。

附录七　北京市实施《中华人民共和国土地管理法》办法（1991）

（节选）

第二条　本市各级人民政府应当维护土地的社会主义公有制，贯彻执行十分珍惜和合理利用每寸土地、切实保护耕地的基本国策，加强管理，全面规划，保护和开发土地资源，制止乱占耕地和滥用土地的行为。

第五条　土地所有权和使用权的确定，依照《中华人民共和国土地管理法》的规定执行。

土地的所有权和使用权受法律保护，任何单位和个人不得侵犯。

禁止侵占、买卖或者以其他形式非法转让土地。

第八条　依法改变土地的所有权、使用权，或者因依法买卖、转让地上建筑物、附着物等而使土地使用权转移的，必须向本办法第三条规定的管理机关申请土地所有权、使用权变更登记，由区、县以上地方人民政府更换证书。

第十五条　禁止向耕地倾倒垃圾、渣土等废弃物；禁止在耕地修建坟墓和擅自采矿、采石、挖砂、取土等破坏土地资源的行为。

第二十五条　工程项目施工，确需另行增加临时使用农村土地的，建设单位应当先向城市规划管理机关提出定点申请，经审查同意后，向土地管理局提出临时用地数量和期限的申请，经批准后，同农村集体经济组织签订临时用地协议，并按该土地前三年平均年产值逐年给予补偿。在临时使用的土地上不得修建永久性建筑物。使用期满，建设单位应当恢复土地的生产条件，及时归还。

第三十七条　乡（镇）村企业、公共设施、公益事业建设需要临时占用土地的，由建设单位持与被占用土地单位签订的补偿协议书，报区、县土地管理局批准。

在临时用地上不得修建永久性建筑物，使用期满应当恢复生产条件，及时归还。

第四十二条 禁止利用集体所有的土地进行土地和商品房屋的开发经营活动。

附录八　黄山风景名胜区管理条例（2014）

（安徽省人大常委会公告第16号）

（节选）

第二条　黄山风景名胜区（以下简称风景名胜区）的范围：东至黄狮，西至小岭脚，南至汤口，北至二龙桥，面积166.6平方千米，按此范围标界立碑。

根据保护风景名胜资源和生态环境的需要，在风景名胜区外围确定保护地带。风景名胜区保护地带的具体范围按照国务院批准的《黄山风景名胜区总体规划》划定。

第三条　风景名胜区实行科学规划、统一管理、严格保护、永续利用的原则。

第四条　风景名胜区的地形地貌、山体、岩石、土壤、冰川遗迹、瀑布、名泉、河溪、林木植被、野生动植物、特殊地质环境等自然景物和文物古迹、园林建筑、石雕石刻等人文景物及其所处的环境，均属风景名胜资源，应当严格加以保护。

第六条　黄山市人民政府、管委会应当构建以生态系统良性循环和环境风险有效防控为重点的生态安全体系，维护风景名胜区生态系统稳定，保持生物多样性、物种原真性。

黄山市人民政府应当建立协商协调机制，对风景名胜区保护地带的土地利用、资源与环境管理、城乡建设、低山景点调控等规划的编制、实施进行协调。

省人民政府、黄山市人民政府、管委会应当建立生态补偿机制，对为保护黄山风景名胜资源受到限制开发的地区给予补偿。

第八条　风景名胜区内，禁止建设工矿企业；禁止违反风景名胜区规划新建、扩建办公楼、宾馆、招待所、休养、疗养机构以及与风景名胜资源保护无关的其他建筑物、构筑物；原有建筑物、构筑物应当进行清理整顿，污染环境或者有碍观瞻的，应当限期拆除或者外迁。核心景区内，禁止任何与资源和环境保护无关的工程建设。

风景名胜区内禁止储存易燃易爆、有毒、放射性、腐蚀性物品。

风景名胜区保护地带内，禁止建设污染环境或者破坏生态、景观的工厂和设施。

汤口镇等与风景名胜区毗邻乡镇的建设规划、建筑物的设计，应当与风景名胜区的景观相协调。

第九条　风景名胜区内建设项目应当依法进行环境影响评价，未依法进行环境影响评价的建设项目不得开工建设。

管委会应当制定《黄山风景名胜区建设项目环境影响评价管理办法》。

风景名胜区内因保护或者管理确需建设的工程，由管委会根据批准的风景名胜区规划进行审核，并经黄山市人民政府审查后，报省人民政府建设主管部门批准。其他审批手续依照有关法律、法规的规定办理。

建筑物的布局、设计应当与周围景观相协调。工程施工时，应当严格保护施工现场周围的景物与环境。对较大工程建设项目应当实施环境工程监理。

确因保护管理及工程需要进行临时建设的，应当经管委会批准。临时建设应当在批准的使用期限内自行拆除。

第十一条　因景区景点的开发或者工程建设需要砍伐少量竹子的，国有林场、集体或者个体所有的竹子需要间伐的，应当经管委会审查批准，报黄山市人民政府备案。

因教学、科研需要采集物种标本的，应当经管委会同意，在指定地点限量采集。

因保护风景名胜区道路，维护设施，需要挖取砂、石、土的，应当经管委会同意，在指定地点，限量挖取。

第十二条　除本条例第十一条规定的情形外，风景区内禁止下列活动：

（一）开垦农作；

（二）放牧牲畜；

（三）砍伐竹木；

（四）猎捕野生动物；

（五）采挖苗木、花、草、竹笋、树根（桩）、果实、药材、食用菌类；

（六）开山、采石、开矿、开荒、淘沙和取土；

（七）修坟立碑；

（八）修建储存爆炸性、易燃性、放射性、毒害性、腐蚀性物品的设施；

（九）在景物或者设施上刻划、涂污；

（十）野炊、燃放烟花爆竹、非宗教活动场所的燃香烧纸点烛；

（十一）乱扔乱倒垃圾；

（十二）其他有损景观、破坏生态的。

第十三条 风景名胜区内的奇峰异石、古树名木、名泉名瀑、冰川遗迹、石雕石刻等珍稀资源，应当建立档案，设置标牌，严格保护。上述景物周围根据需要建置保护设施，不得建设其他设施。

第十四条 风景名胜区的河溪、泉水、瀑布、深潭的水流、水源，除按风景名胜区规划的要求整修、利用外，应当保持原状，不得截流、改向或者作其他改变。

禁止向前款规定的水体排放、倾倒污水、垃圾和其他污染物。

第十五条 管委会应当根据保护环境和恢复生态的需要，对重要景区、景点实行定期封闭轮休。

管委会应当采取措施，防止酸雨等有害物质对古树名木、石雕石刻等珍稀资源的侵蚀。

第十六条 风景名胜区实行全年森林防火。

未经管委会批准禁止野外用火；森林高火险期内，禁止携带火种进入风景名胜区，禁止一切野外用火。

进入风景名胜区的人员，在室外吸烟或者用餐的，应当在管委会规定的地点进行。

风景名胜区及其保护地带所在地的人民政府、村（居）民委员会以及林场应当建立、健全防火组织，完善防火设施，实行联防联控。

第十九条　管委会应当确定风景名胜区的环境容量和游览路线，制定、实施旅游者流量控制方案，并向社会公布，有计划地组织旅游活动。必要时，可采取措施，限制旅游者数量。

第二十条　限制车辆驶入风景名胜区，确需进入的，应当经管委会批准，按指定路线行驶，在规定的地点停放。

第二十一条　风景名胜区内服务网点和公用设施布局由管委会统一规划。温泉、慈光阁、云谷寺、芙蓉岭、钓桥庵景点及其以上区域的服务网点设置，应当从严控制。所有经营单位和个人应当按规定的地点和经营范围经营。管委会根据安全、环境保护和卫生的需要，可以规定禁止经营的商品、服务项目以及禁止使用的燃料、包装物品种，报经黄山市人民政府批准后施行。

风景名胜区内禁止设置农贸市场。

风景名胜区内经营者应当缴纳风景名胜资源有偿使用费。

第二十二条　风景名胜区内的标识标牌、电子显示屏等，应当按国家规范、有关规划和管委会规定的式样、规格制作，在指定地点安置。风景名胜区内禁止设置、张贴、发布户外商业广告。

第二十五条　进入风景名胜区的旅游者和其他人员，应当爱护风景名胜资源和各项公共设施，维护环境卫生，遵守风景名胜区的游览秩序、安全制度等有关管理规定。

禁止擅自进入未开发开放区域进行游览活动，禁止擅自进行探险、攀岩等影响景区资源安全和人身安全的活动。

旅游者在风景名胜区内搭建帐篷等野营设施应当服从管委会统一管理。

附录九 景区最大承载量核定导则

（中华人民共和国旅游行业标准 LB/T034—2014）

（节选）

2.1 最大承载量 carry capacity of scenic area

最大承载量，是指在一定时间条件下，在保障景区内每个景点旅游者人身安全和旅游资源环境安全的前提下，景区能够容纳的最大旅游者数量。

2.2 空间承载量 space carry capacity of scenic area

空间承载量是指在一定时间条件下，旅游资源依存的游憩用地、游览空间等有效物理环境空间能够容纳的最大旅游者数量。

2.3 设施承载量 facility carry capacity of scenic area

设施承载量是指在一定时间条件下，景区内各项旅游服务设施在正常工作状态下，能够服务的最大旅游者数量。

2.4 生态承载量 ecology carry capacity of scenic area

生态承载量是指在一定时间条件下，景区在生态环境不会恶化的前提下能够容纳的最大旅游者数量。

2.5 心理承载量 psychology carry capacity of scenic area

心理承载量是指在一定时间条件下，旅游者在进行旅游活动时无不良心理感受的前提下，景区能够容纳的最大旅游者数量。

2.6 社会承载量 society carry capacity of scenic area

社会承载量是指在一定时间条件下，景区周边公共设施能够同时满足旅游者和当地居民需要，旅游活动对旅游地人文环境的冲击在可接受范围内的前提下，景区能够容纳的最大旅游者数量。

2.7 瞬时承载量 instantaneous carry capacity of scenic area

瞬时承载量是指在某一时间点，在保障景区内每个景点旅游者人身安全和旅游资源环境安全的前提下，景区能够容纳的最大旅游者数量。

2.8 日承载量 daily carry capacity of scenic area

日承载量是指在景区的日开放时间内，在保障景区内每个景点旅游者人身安全和旅游资源环境安全的前提下，景区能够容纳的最大旅游者数量。

3 总则

3.1 以人为本

以维护旅游者的合法权益为基本出发点，安全第一，保障旅游者的人身安全，确保旅游活动的有序进行，不断提高旅游者的满意度。

3.2 可持续发展

合理利用和分配景区内的各类资源，强调对自然资源、历史人文资源的保护，在保证旅游资源质量不下降和生态环境不退化的前提下，协调好景区旅游与自然生态环境保护、当地社会经济发展的关系，实现可持续发展。

3.3 综合协调

兼顾景区内各景点、各时段以及景区周边等多种因素，内外统筹，综合平衡旅游者、当地居民及政府等各方利益，景区和地方政府通过沟通协作共同推进。

表 A.1 至表 A.7 给出了不同类型景区的基本空间承载标准示例。

表 A.1 文物古迹类景区示例

文物古迹类景区	空间类型	核心景区	洞窟等卡口	游步道
八达岭长城	人均空间承载指标	1~1.1 m²/人	—	—
故宫博物院	人均空间承载指标	0.8~3 m²/人	—	—
龙门石窟、敦煌莫高窟	人均空间承载指标	—	0.5~1 m²/人	2~5 m²/人

表A.2 文化遗址类景区示例

文化遗址类景区	空间类型	遗址核心区	游步道
秦始皇兵马俑博物馆	人均空间承载指标	2.5~10 m²/人	1~3 m²/人

表A.3 古建筑类景区示例

古建筑类景区	空间类型	核心景区	其他区域
黄鹤楼、永定土楼	人均空间承载指标	1~3 m²/人	>2.5 m²/人

表A.4 古街区类景区示例

古街区类景区	空间类型	核心景区	其他区域	保护建筑	游步道
周村古商城	人均空间承载指标	2~5 m²/人	1~2 m²/人	0~30人/栋	2~5 m²/人

表A.5 古典园林类景区示例

古典园林类景区	空间类型	游步道	其他区域
颐和园	人均空间承载指标	0.8~2 m²/人	>60 m²/人

表A.6 山岳类景区示例

山岳类景区	空间类型	核心景区	游步道
吉林长白山景区	人均空间承载指标	1~1.5 m²/人	0.5~1 m²/人

表A.7 主题公园类景区示例

主题公园	空间类型	核心景区	核心游乐项目等候区
中华恐龙园	人均空间承载指标	0.5~1 m²/人	0.5~1 m²/人